U0683000

幼儿园户外自主游戏设计与实施

周少玲 / 著

中国出版集团　现代出版社

图书在版编目（CIP）数据

幼儿园户外自主游戏设计与实施 / 周少玲著. —北京：现代出版社，2021.10

ISBN 978-7-5143-9525-9

Ⅰ.①幼… Ⅱ.①周… Ⅲ.①游戏课—教学研究—学前教育 Ⅳ.①G613.7

中国版本图书馆CIP数据核字（2021）第210878号

幼儿园户外自主游戏设计与实施

作　　者	周少玲	
责任编辑	袁　涛	
出版发行	现代出版社	
地　　址	北京市安定门外安华里504号	
邮政编码	100011	
电　　话	010-64267325　64245264	
网　　址	www.1980xd.com	
电子邮箱	xiandai@cnpitc.com.cn	
印　　制	北京政采印刷服务有限公司	
开　　本	710mm×1000mm　1/16	
印　　张	11.75	
字　　数	188千	
版　　次	2022年4月第1版　　2022年4月第1次印刷	
书　　号	ISBN 978-7-5143-9525-9	
定　　价	45.00元	

目录

第一章

幼儿的自主与自主游戏

幼儿园自主性区域游戏以探究为主要方式，广泛结合幼儿的兴趣爱好，兼顾幼儿的身心特征，通过浅层、中层、深层不同层次的游戏建构，创设幼儿喜闻乐见的游戏情境，让幼儿通过自主游戏，获得良好的深度学习。为此，教师广泛挖掘生活素材，寻找所学知识与幼儿熟悉的生活情境的切入点，将知识融入其中，使幼儿在自主游戏中学得轻松、自然而真实。

第一节　幼儿的自主意识

美国历史学家霍华德·丘达柯夫（Howard Chudacoff）将20世纪前半叶称为儿童自由游戏的"黄金时代"——儿童拥有探索世界的较大自由，可以自我主张（self-advocacy）、依照自己的节奏前进（move at their own pace），每天放学后可以自由地玩跳房子、捉迷藏、过家家之类的游戏，在周末与寒暑假时可以从早玩到晚。如今的儿童，即便是幼儿（3～6岁），无论是在教育场所与教师、同伴一起，还是在家与照料者一起，他们自主游戏的意愿都无法得到充分的实现。为何幼儿的自主游戏陷入了困境？为何要强调幼儿的自主游戏？

一、自主的含义

"自主"一词出现在许多研究领域，如哲学、心理、法律、教育、政治、医疗、计算机、宗教、数学等。在法律领域，自主是无关道德的，一个心智健全的成年人在没有外在社会力量控制下实施了某种行为，通常就认定行为者是自主的。计算机与数学领域的自主涉及的是无生命的事物（机器人和数学公式）。医疗领域提及的自主主要是指病人有权知道自己的病情及不同的诊疗措施会导致何种结果，并在医生的建议下，自行对是否接受治疗或采取什么治疗手段做出理性的决定。由此我们可以看出，自主是一个包含许多混杂思想的、缺乏理论同质性的概念。

（一）人们对个体自主的理解

人们对个体自主的理解可分为以下两种。

1. 程序主义的自主观

有些人认为，当个体在没有受到外力影响的情境下，认同并实现自己的欲望、目标和价值时，此个体便是自主的。这种认识被称为程序主义的自主观。

例如，经典相容论者认为，"自主行动"就是一个有能力的人想做某事时没有受到任何阻碍。此类观点把自主视为行动者凭借自己当前的心智状态，反思、认同、实现自己欲望或目标的过程，是内容中立、道德无涉的——过程本身的独立性和行动者的认同是自主的充要条件。除此之外，没有任何其他因素可以决定个体是否自主。

也许有人会认为程序自主是不可能的，因为个体的许多观念和欲望都是在社会化的过程中形成的（有些是受到自己尚未察觉因素的隐蔽影响而产生的适应性观念与欲望），他们本身既无法控制这一过程，又没有意识到驱动自己认识、判断的社会力量，反而以为这些观念、欲望、行动都是由自己控制、产生的。也就是说，有人对自由意志要求"终极责任"的条件。这样的条件显然太苛刻了，如果这是自主的条件，那么就没有任何人能够具有自由意志，能够对自己的行为承担责任。

程序主义自主观的缺陷之一在于，它忽视了行动者当下的身心状态可能是未成熟或不合理社会环境的产物。于是，它在解释"自愿为奴"的问题时无法令人信服。假设一个奴隶认同自己的身份与地位，认为无条件服从主人的命令是理所当然的，并感到自豪，从程序主义的视角来看，这个奴隶在未受到外在力量干扰的情况下认同自己的地位和行为，那他就是自主的。

程序主义自主观的另一个缺陷是过于强调个体欲望的成功满足。人在某些时候是私欲的牺牲者，或是自己激情的奴隶。如果自主的首要条件仅仅是满足欲望，那么可以推出，一个人在他想要做的事情上做得越多，或者在他能够做的事情上欲望越多，他就越自主。我们知道，一个人能够想要的东西总是多于他能够成功获得的东西。如果仅靠欲望是否得以满足来作为判断自主的唯一标准，那么个体也可以通过放弃一切欲望来获得某种"自主"。正如斯多葛学派的哲学家所认为的那样，没有任何欲望的人是最自主的人。然而，倘若这就是我们界定的自主，那么此自主就显得毫无价值，因为个体在无所欲求时，就失去了行为的动力；在无所事事时，就丧失了作为人的尊严和价值。

2. 实质主义的自主观

有些人认为，个人自主不仅涉及行动者的自我反思，还涉及个体所处的社会关系。自主的过程与内容并不能中立，它们受到所处社会的道德规范之影响。个人须按照道德规范所倡导的那样，行使自己的意志力和避免在不应该的时候行使自己的意志力。事实上，人是有限的理性存在者，我们对一个事件发生的充分条件没有完备的知识，而且，一元化的社会从来没有存在过。个体既无法设立，也无法遵循普适性的道德。

有些实质主义者特别强调欲望必须响应理性的要求，行动者必须能够解释并追踪自己欲望产生的理由，且当这些理由发生改变或被证伪时，能改变或放弃自己的欲望。有些实质主义者刻板地遵从现有道德规范，而并不反思这些道德规范是否合理。可是，个体的动机与推理不只是被动地接受外在力量的影响，个体也需要对既有的道德进行反思，以改变不合理的道德伦理规范，还可顺从新出现的或新注意到的社会现象，并逐渐认同、内化，形成新的道德伦理规范。

（二）人们对自主的界定

个体自主不是道德无涉的，道德自主是其内涵之一。但每个人的理性程度是不同的，即使是同一个人，在不同的领域、不同的时间也会显现出不同的理性程度。个人的自主在不同的情境中有强弱、高低之别。在每个人的生活中，理性不是时时处处都在场的。不能过分强调个人自主的理性成分，而应当在既定的社会环境中谈论个人自主。

自主要求行动者的思想与言行不受他人控制，抵制外界不合理要求与干预，也要求行动者遵守规范（道德、习俗、法律），依照规范对能动作用进行自控，为自主设置边界，不至于为所欲为，从而保证了人与人的自主和谐。

二、自主意志的实现机制

有学者认为，自主具有心智状态和事件的属性，如信仰、愿望、爱好、选择、决定、行为等。自主包括三类要素：情感（愿望、爱好、信仰），认知（理解、评价、选择、决定），行为。只有情、智、行结合，才能实现完整的自主。当个体出现了自主的欲望时，认知会有意无意地进入活动状态，对欲望展开评价。一旦欲望被认可，便付诸行动。在此过程中，认知提升了情感与行为的理性程度，降低了其随意性或冲动性；行为会把情感与认知化为现实，情感自主与认知自主属于观念自主、局部的自主，只是心理活动而已，只有借助行为，才能变为现实自主，才具有实践意义。

现实的自主需要在了解自己与环境的基础上，找出适合当下的应对措施，这反映的是自主能力。自主能力需要自觉、视野和行动的勇气。它不是一蹴而就的，必须在一次又一次的自主抉择中，从成功或试误中累积经验而来。这需要依靠循环往复的检视机制，而不能够依靠灌输知识来学会。个体可以在一定的范围内做抉择，对自己负责，而这个范围将会随着知识与技能的增长变宽，我们称之为视野。虽然自主性强调自我认识、自我判断、自我行动、自我评价与自我调整，但自主性较高的人不会高估自己的视野，在面对范围边缘或外面的事物时，他们必会求助，因为他们清楚自己的能力和视野的局限。

三、幼儿的自主

（一）幼儿的自主意愿

幼儿除了有依从、模仿、被社会决定的一面，还天生希望自主。自我决定理论（SDT）提出自主（autonomy）是人类普遍具有的三种基本心理需要之一，个体常希望自己的行为源于自我选择，而非外在酬赏或压力。调查结果发现：第一，在面对不同的情境时，幼儿出现最多的反应是认为情境是可以改变的，并试图与环境中的他人协商沟通，若环境未改变，他们亦有可能调整自己；其次是幼儿会调整自己去适应环境的改变或要求；然后是幼儿会运用自己的观点来改变环境，具有浓厚的坚持己见的意味；幼儿出现最少的反应是逃避、抽离、未与环境互动，情境没有改变，但幼儿有可能在别的情境下做自己要做的事。第二，随着年龄的增长，幼儿越来越会调整自己去适应环境的要求，采取和环境协商的方式满足自己的需求，想要运用自己的观点去改变环境的想法也明显增加，如大班幼儿较常使用的策略是亲社会性的、寻求资源及他人帮助、协商等。

幼儿自主的表现形式是自我主张、不服从（如对父母说"不"）和服从等。虽然幼儿的行动常限于有限的选择范围，但他们会努力争取扩大自己的权限。当遇到教师过度控制时，他们要么努力避开教师的监控；要么"明修栈道，暗度陈仓"，表现出投机式的自主；要么"哪里有压迫，哪里就有反抗"，表现出革命性的自主（此类情形较少见）。现在的幼儿园教育改革需要教师赋权幼儿，让幼儿获取自主游戏的较多机会。

幼儿对自主的要求也并非无限。从节约心理能量的角度来看，行动者会把有限的时间、精力投入自认为重要欲望的慎思和决定中，并且忽视一些琐碎的欲望，不在生活常识和约定俗成的事件上形成强烈的自主意愿。如果要求在琐碎事件上都自主，反而会遮蔽自主对于个体生活的重要意义。

在以往的工作中，确定游戏主题一般有三种情况：一是教师依据自己的意愿设置主题，创设环境，提供材料；二是教师依据自己的工作经验、教育目标和幼儿年龄特点预设一个游戏主题，征求幼儿的意见；三是以讨论的形式确定游戏主题，以投票的方式，少数服从多数决定游戏主题，这是目前绝大多数教师使用的方式。这三种方式都是建立在教师引导的基础上，缺少对幼儿游戏兴趣、游戏水平、游戏经验、游戏需要的观察和了解，缺少幼儿的直接感知、实际操作、亲身体验得来的经验和认知。这就导致在游戏的过程中，教师发现幼儿经常出现不可预知的游戏行为，游戏的发展充满未知和不确定性。比如，"火锅店"的主题是教师和幼儿讨论确定的，属于第三种确定主题的方式。在教师的引导下，虽然幼儿一步一步丰富着火锅店的游戏，但是幼儿的游戏主题还是慢慢地发生了变化，在"火锅店"玩起了娃娃家、做饭、聚餐、外出旅游等游戏。

（二）幼儿的自主能力

自主既是一种意愿，也是一种做某件事情的能力，一种既可以选择去行使又可以选择不去行使的能力。有人认为自主的条件之一是成熟，可幼儿正处于未成熟阶段，且处于此阶段的初级阶段，他们是无知无能的，不太符合自主的条件——需要具备某种层次的评鉴性反思能力、合理的自我控制和节制能力、不能满足不充分的选择，等等。虽然幼儿冲动性的、无法实现愿望的自主行为比较突出，有时他们会对欲望不加反思，即时满足欲望的心理强烈，但幼儿具有有意识的内在精神生活，具有有选择地与世界发生相互作用的能力。他们会在既考虑自己福利又不损害他人福利的情况下，使一件自愿的事情发生，或不引发一个厌恶事件，他们能够对某些事态或行动历程进行选择性干预。心理学研究也证明，不少幼儿表现出了延迟满足的特点，这说明其能够推理和思考，并且能够反思自己的动机，对"一阶欲望"具有控制能力，有时能够清楚地说出自己所要进行选择的根据，能对未来进行规划。

现代的幼儿观认为，幼儿虽处于未成熟的底端，但其具有巨大的潜能。美国教育家杜威（John Dewey）更明确地赋予未成熟状态以积极的意义。他指出，前人在看待未成熟状态时采用的是比较的视角，而不是用内在的观点看待儿童期。如果用内在的观点来看，幼儿未成熟的状态就是一种积极的、向前生长的势力或能力。这种观点得到了生物学、心理学以及脑科学的印证，逐渐被人们认同。当然，我们也要防止矫枉过正——高估幼儿的学习能力和发展潜力。过分放纵幼儿任其"自由发展"与过分重视对幼儿的改造，都是违背幼儿身心发展规律的，如阶段性、关键期、敏感期等。

幼儿的自主水平既有跨领域的特殊性，也有领域内的一般性。研究者们发现，尚未达到形式运算阶段的儿童甚至三四岁的幼儿都具有较强的道义推理能力，即对关于"允许/禁止，或必须/不必做出相关行为"的推理。皮亚杰（Piaget）认为，儿童的发展是有领域一般性的，即儿童在各个领域的认知发展都是大体一致的。而以图列尔（Turiel）、斯美塔那（Smetana）等为代表的心理学家研究发现，儿童的认知发展具有领域特殊性，小至两三岁的儿童就可以区分道德规则（如不许打人）和社会习俗（如不许直呼大人姓名、男生不能穿裙子），他们在各种判断标准上都对这两种规则做出了区别对待。例如，在违反规则的严重性上，3岁幼儿即能认识到违反道德规则更加严重，应当给予更严厉的惩罚。幼儿实现自主是一个程度问题，不是全有与全无截然两立的。自主的意愿和程度往往也与其生活的重要领域相关，幼儿并非时刻都想自主，也非处处能有相同的自主水平。

幼儿是按照欲望、动机状态来行动的，他们具有什么样的动机状态往往取决于基本需要是否得到满足，某些更深层的东西（如价值观念、生活理想等）离他们较远。我们不能一味地崇尚理性，处处贬抑欲望。理性与欲望的关系是复杂的：一方面，若没有理性的引导，个体就无法自由地行动和选择；另一方面，若没有欲望和激情，个体行动就缺乏驱动力，从而从根本上丧失了"原动力"。鉴于这个关系的复杂性，我们不能简单地说，幼儿按照自己的直接欲望或激情来行动就是非自主的行动。自主的实质在于给予幼儿公平的发展机会和容许幼儿过不同的生活。

（三）自主对幼儿教育的重要性

自主是理想的个人品质与教育目标，自主性是人终身发展的动力。蒙台梭利（M. Montessori）认为，教育首先要引导孩子沿着独立的道路前进。在人生早期，就在儿童身上播下"自主"的种子，即会出现"少成若天性，习惯如自然"的效应。教育与心理学者们认为，自主是儿童发展中基本的、重要的能力，此能力的发展具有敏感期。蒙台梭利认为，幼儿期是一个人发展独立自主的敏感期，独立是自然赋予幼儿工作的法则之一，幼儿必须通过持续不断的活动才能独立。

（四）现实环境在促进幼儿自主发展中出现了什么问题

幼儿教师是影响幼儿自主性发展的重要人物，其教育观念与行为对幼儿自主的实现有着直接影响。在幼儿园，教师处于权力架构的上位，集活动过程的设计者、活动内容的供给者与活动结果的评估者三种角色于一身，对幼儿拥有绝对的权威性与控制力；幼儿在活动中主要表现为对教师的权力依附——接受由教师设计并传授的教学内容，他们的诉求会受到压制或轻视，往往需要牺牲自由意志。不少教育与管理者常常压抑幼儿的自主天性，剥夺幼儿的自主权利，贬损幼儿的自主能力。虽然他们习得了"以幼儿为中心"的教育观念，但在培养幼儿自主性的过程中，显现出观念与行为上的矛盾——教师主导与幼儿自主的对立，"教师几乎主导了日常教育中的一切活动，幼儿真正能够自主的活动寥寥无几"。例如，在学前教育实践中，教师经常采用直接教学的方法实施课程，幼儿自主游戏的时间非常少，游戏往往作为幼儿完成任务后的奖赏，作为幼儿放松精神、舒缓情绪的机会。还有些幼儿园，幼儿的大部分时间在教师组织的集体活动中度过，幼儿做什么、什么时候做，甚至怎么做都由教师决定。在这种教育中，"服从高于自主，听话高于思想，接受高于创造，一致高于独立"。这种教育是不尊重个人自主的。

在家中与幼儿园里，如果此类抑制幼儿自主发展的现象得不到批判与纠正，成人与幼儿就会产生负面的路径依赖。路径依赖类似物理学中的惯性，人们过去做出的选择会影响他们现在及未来可能的选择。

第二节　幼儿的自主游戏

麦卡勒姆（Mccallum）提出，自由就其价值蕴含本身来说，是行动者（X），强迫、限制、干涉和妨碍行动的约束性条件（Y），人的行动（Z）的三位一体，可以表述为"X在摆脱Y去做（或不做，成为或不成为）Z上是（或不是）自由的"。据此，笔者将幼儿自主游戏视为三要素的结构：幼儿，自主条件（即不存在强迫、限制、干涉和妨碍行动的约束性因素，有自由选择的机会），游戏，并将其描述为：幼儿在自主条件下去做（或不做）游戏是自由的。

一、幼儿自主游戏的特征

幼儿有思想（即使在成人看来是"愚蠢"的思想）、个性展现、道德判断、人际联合等方面的自主需求，自主游戏也是其渴望的，也应是其生活的重要部分。洛克（Locke）与卢梭（Rousseau）认为游戏是儿童的必需品。

但在现实生活中，成人或对游戏的价值没有全面、深刻的认识，或轻视幼儿的游戏需要与游戏权利。许多成人实在不明白幼儿把小桶里装满沙，然后把沙倒出来，再装满，这到底对幼儿的发展有什么作用。在接受游戏的文化中，成人会在做"重要"之事而又担心孩子打扰自己时，把给予孩子游戏的机会作为支开他们的手段，或当孩子做完"正事"（做作业、上兴趣班和辅导班、帮大人做事等）之后，把游戏作为对其良好表现的奖励。于是，游戏"升级"为幼儿的"奢侈品"，这是一种赋权式的自主游戏。在竞争不断向生命早期蔓延的文化里，成人认为儿童必须在学业上获得成功，游戏只是浪费时间，于是高规定性的课程在幼儿园里有了生长的土壤。

此外，出于对儿童安全的焦虑，加之媒体渲染的游戏事故，让父母对儿童出现安全问题形成了过高的估计。据统计，澳大利亚儿童被诱拐的概率是1/750

万。现在，澳大利亚幼儿生活的环境安全性比他们父母年幼时好得多了，但一些父母担心让幼儿自己出去玩会被告到惩治局。于是，成人还热衷过度监控儿童游戏，并为其制定条条框框。丘达柯夫在他出版的《美国儿童游戏史》一书中提到，游戏正从一个由儿童创造的世界变成一个由成人规定的世界。幼儿已经不能熟练地把日常物品变成玩具了。在成人有意无意的控制下，儿童自主游戏的乐趣和创造力正在逐渐蒸发。

斯庞塞勒（Sponseller）依照内在控制、现实和动机由高而低的标准，将被泛称为游戏的活动依序区分为：自主游戏、被引导的游戏、被指导的游戏、伪装成游戏的工作和工作。游戏的本质特征之一应该是自主，如今却饱含着"他主"的成分。幼儿要随时听从教师有关同伴关系、材料选取、情节发展等方面的"友情提醒"，在游戏场地、时间等方面也没有自由掌控的权利。较长的课堂学习时间、过量的家庭作业和成人导向的校外活动大大地压缩了自主游戏的存在空间。

在一些幼儿园里，许多活动都打着"游戏"的幌子，它们多为教师引导、指导的"手段性游戏"，只是教师为实现法定教育目的的工具而已。这些遵照命令的活动已不再是游戏，至多是对游戏的强制性模仿。幼儿知道游戏与工作的差别。有些幼儿园教师曾听到幼儿高兴地说："老师的游戏已经结束了，我们来玩自己的游戏吧！"教师精心安排的游戏为何不能继续吸引幼儿？它与幼儿的自主游戏有何区别？

（一）游戏的目的不同

幼儿的自主游戏是一种无目的的行为（just play）。由内部动机激发，没有明确的学习目标、学习内容，游戏不是由外在的目标与奖赏所驱动的。凯夫（Cave）和卡斯伯克（Cuthberk）认为，游戏是关注过程的。克拉思诺（Krasnoyarsk）和佩培拉（Peplerp）指出，游戏是为游戏而游戏，玩就是目的。加维（Garvey）将游戏视为一种获得愉快体验的手段，而不是为了某种特别的目的。幼儿在游戏时本没有外在的目的，但成人会期望他们通过游戏来促进学习。中国的幼儿园通常进行游戏化的教学，这是一种强目标性、高度组织化的活动。游戏首先是实现教学目标的手段，儿童快乐与否是次要考虑。幼儿教师赋予了游戏太多的功能期望——幼儿身体得到锻炼、知识获得增长、技能得以提高、道德品质得以提升。幼儿现在的发展水平与教师期望达到的水平有一定差距。于是，幼儿的游戏被过度干预与指导。

（二）游戏的发起者不同

虽然我国的幼儿园把游戏列入了教学计划，但有严格的课表限制。虽能保证每天、每周都能开展各种游戏活动，还在名义上强调重点关注自由游戏，但实际上幼儿的游戏行为是被规划好的，且被严密监控的。这些游戏远离了真正的游戏。例如，当幼儿漫不经心地弹琴时，他把这视作游戏。但当一位教师来教这位幼儿弹琴时，也许幼儿会享受教与学的过程，但这不是游戏了。幼儿园的游戏发起受制于课程计划，受命于幼儿园教师的旨意，不是幼儿所能左右的。幼儿戴着有形或无形的"镣铐"在游戏。

（三）游戏的过程控制不同

幼儿的自主游戏是自我控制进程的行为。个体自己选择玩什么、怎么玩、与谁玩、在哪里玩、玩多久、什么时候结束等。在自主游戏中，幼儿没有来自家长、教师、其他成人的领导（但并非完全没有成人的监督与保护，也并非没有玩伴）。克罗伊斯（Crois）认为，游戏往往没有预定的进程和结果以及事先预定的限制，游戏者具有随机应变的自由。幼儿在自主游戏中会自己制定游戏的程序，或者没有程序地纯粹玩耍，他们自己选择游戏材料（特别是开放性的材料以及没有固定的玩法与用途的材料），自己制定游戏规则或者决定没有规则。但在幼儿园进行活动时，幼儿几乎没有支配游戏的权利，幼儿园还对游戏采取量化管理的方式，如定时、定点、分组进行。教师要维护游戏规则的严肃性，幼儿的创造行为不能对游戏规则构成挑战，否则是不能容忍的。幼儿教师随时准备对幼儿进行干预，幼儿被认为没有能力也没有话语权去随意改动规则（哪怕是现时游戏的需要）。幼儿极少会对教师的要求提出异议，即使提出，也会被教师以看似合理的托词"说服"。教师担心幼儿的特殊要求会让课堂失控，害怕无法完成预定的目标。

二、幼儿园中自主游戏的困境

自始至终都有区别的师幼游戏给幼儿带来了不同的体验。以快乐为原则的幼儿当然会选择能带给其最大愉悦的活动。在自主的活动过程中，有着不同的性格、能力、爱好、兴趣的幼儿才能处于积极参与的状态。幼儿自主游戏中存在着由人的本性决定而非人为划定的疆界。但是幼儿园的自主游戏可能面临以集体主义名义出现的、具有集体导向目的的公共权力的干扰，大部分时间用于集体活动，且许多事由教师来决定（虽以民主制的形式出现），幼儿被剥夺了自主活动的权利，往往处于被动状态。而且，幼儿也常常陷入陌生的、学术性的情境中。

在不适宜的情境中，行动者的自主性往往被屏蔽，从而失去了发挥自主性的机遇。许多时候，幼儿园强制性的"教学性游戏"无法对幼儿形成强烈的吸引力。即使教师导向的体育活动，也无法替代自主性游戏。因为体育课太结构化，过于依赖成人施加的规则，只有真正有趣的游戏，才能让幼儿获益。

虽然教师们明白幼儿园的基本活动应该是自主性游戏，幼儿也更喜欢"自己的游戏"，而非"老师的游戏"，但"老师的游戏"依然处于强势地位。人类学家施瓦茨曼（Schwartzman）指出，游戏是文化脉络中的文本，游戏表达了社会文化脉络中的风俗习惯与信念价值。当我们要回答"现时的游戏样态为何如此"时，似乎可从主流文化的幼儿观与游戏观中得到部分答案。

（一）中国主流文化中的幼儿观

幼儿观是人们对幼儿的天性与特质、能力与发展、地位与权益等方面的根本看法。它是社会文化的一部分，会随着社会文化的变迁而有所变动，这种现象如同走钢丝一般，处于动态的平衡中。中国虽有道家对婴儿孩童状态的膜拜，也有法家对儿童怀较负面与悲观的看法，但儒家保守主义与程朱理学的儿童观是确定幼儿观大致方向的主要因素。

1. 幼儿是需"他律"的、应该被管教的人

《学记》中有"夏楚二物，收其威也"的说法。历代不少幼教专家造就了严格管教儿童的路线，鞭策体罚，管到孩子够格为止。礼书家训中还劝父亲少接近孩子，以增威严。教师要不苟言笑，令学生油然而生敬畏，其肩负保持学习场所的井然有序、儿童中规中矩之责。

2. 幼儿是"智愚未定"的，必须经常指点

从古代训诲型的文字中可见，孩子生来必须好好教育。管子的《弟子职》主张依成人的构想和办法来指导儿童，在此世界里，成人是领导者，是现实秩序的塑造者。司马光的《居家杂仪》主张家长要督促责求幼辈的表现，"凡诸卑幼，事无大小，毋得专行。必咨禀于家长"。

3. 幼儿是"小祖宗"，处处需要保护

儿童身系一个家庭的未来，是家族绵延的关键，香火的断续需要倚重儿童。于是，教师认为游戏中幼儿的安全是放在第一位的。如果出了安全事故，家长不会轻易宽恕"责任人"。哪怕牺牲幼儿的兴趣、压抑幼儿过剩的精力，也不管幼儿的情绪与冲动是否得以宣泄，师长必须尽到护幼之责。

（二）中国主流文化中的游戏观

游戏观是指人们对游戏的特征、地位、价值等方面的总的看法。从《大学》"知止而后有定，定而后能静，静而后能安，安而后能虑，虑而后能得"可见，儒家对安静、平定的偏好之源远。魏晋、隋唐时期，主流思想中掺入了佛学的色彩，社会上好默想坐禅。宋代理学家自周敦颐起，也表现出了喜静厌动的倾向。止水般的澄清安宁成了主流文化，于是闹腾的儿童游戏是被排斥的。除因有失体统外，幼儿游戏还因无益于实用而遭贬抑、驱逐。

1. 游戏是无益生存之事

古代人很少将儿童视为儿童，而是以经济的观点来进行考虑。在中国的传统文化中，多数家庭中的儿童必须劳动，以帮助成人维持家庭经济运转。在过去，许多家庭仍处于以养家糊口为急务的生态中，游戏被视为几乎没有任何价值（有时只是象征儿童身体健康的标志之一），是"不工作"的人才考虑的事。一个贫困的社会因为穷于应对庞大的社会基本需求，势必没有多余的心力去照顾到社会所有阶层的人之需求，更不会顾全儿童游戏的实行。当成人主动让儿童去玩时，其实是他们准备做或正在做"重要事情"时试图摆脱儿童干扰的"伎俩"，他们让游戏成为自己忙碌时也让儿童保持忙碌的手段。

2. 游戏是无益成"人"之事

以孟子为代表的儒家有假设为，当一个孩子诞生之时，已有一个隐然成形、完整的人的影子存在其中。在栽培孩子的时候，正是栽培呼之欲出的成人。儿童存在的意义在于变成大人，学做具有某种特质的成人。其最好少年老成，出入行动"有若成人"。儿童游戏的喧闹和躁动与中国人认同的理想人格是不相符的。诸葛亮在《诫子书》中有言："夫君子之行，静以修身，俭以养德。非淡泊无以明志，非宁静无以致远"，如此种种，都反映出中国传统中贵静崇定之取向。

3. 游戏是无益功名之事

朱熹在《童蒙须知》中说，小孩赌博、打球、踢球、放风筝是"无益之事"。崔又尚在《幼训》中也提到，不许孩子抓虫子、踩蚂蚁、折花、游戏。思想家、教育家想严禁游戏行为，因为在他们的价值标准中，这些是无聊且没意思的事，孩子的时间与精力最好用在学习上。摒弃好玩的天性，不涉足户外活动，趋向读书入仕的兴趣，这才是"人间正道"。"学而优则仕"是个体向上层流动的路径，也事关家族门楣之光耀。如今，学历社会给幼儿的"启示"是，与学校学习直接相关的活动是有价值的，除此之外的活动，包括游戏，它们被工具理性所遮蔽而失去了价值，它们与文凭的获取没有直接关系。

虽然教师的决策和行为会受到他们观念与知觉的影响，但其影响因素较为多元，如受教育背景、教学经验、时间限制、班级人数、师生比例、是否知晓如何介入幼儿游戏以及过于强调幼儿的课堂纪律等。有时教师会不自觉地表现出与自己的观念相冲突的教学行为。即使如此，教师也要对自主游戏的价值有更全面与深入的认识，否则，其在反思教学行为时会缺少必要的依据。

第三节　自主游戏对幼儿的价值

　　不少成人对自主游戏的期望很低，他们只是把游戏作为消磨时间的手段，但教育学或心理学通常主张游戏即进步，注重儿童从游戏中学到有用的东西，促进个体多方面的发展。美国儿科学会在《游戏在促进儿童健康发展和强化亲子关系中的重要性》中指出，自主游戏对儿童的大脑发育、认知、情感、社会性方面的发展至关重要，如创造能力、领导能力、社交技能、压力管理、自立与自律等。如果幼儿的游戏被成人所控制，那么他们就会按照成人制定的规则、成人看重的价值去行动，从而丧失在自主游戏中所能独得的益处。

一、自主游戏有益于幼儿自我概念的主动建构

　　当幼儿获得了自主游戏的机会后，可以探索自己感兴趣的领域——了解自己喜欢什么、不喜欢什么。他们也会探索自我的界限，如测试自己的身体极限——能爬多高、能提多重的东西、能把东西扔多远、能跑多快等。美国洛约拉大学医疗中心指出，自主游戏的儿童更少受伤。如果儿童没有机会去了解自己的身体能力与身体极限，那么就会使其在做没有太大危险的事情时更容易受伤，这是因为他们不太清楚自己的身体能力。如果儿童只被允许在严密的监控下才能跑、跳、爬，他们可能觉得这些运动非常无聊，可能较少去运动，这对其身心健康都是有害的。

　　在自主游戏中，每个幼儿基于各自的水平，小步递进地玩耍（教师的定向活动不可能达到幼儿兴趣、能力与活动的精确匹配），游戏难度与其能力相匹配，探索如何在不危害身体健康的情况下去冒险。爱德华（Edward）在观察了幼儿自发的滚筒游戏后指出，不同水平的孩子能玩出各自的花样来——推滚、攀爬、架桥、固定后走平衡、行走抛接球等，如果熟练一种玩法后，幼儿往往

不满足于此，会以略高于已有水平的玩法来挑战自我。

冰岛的《国家学前教育课程指南》指出，自主游戏是幼儿的一种表达方式和快乐源泉。通过自主游戏，幼儿可以体验到自主感与自我发现的快乐，他们也会测试自己的胆量，体验到成就感，建立自信与自尊。

二、自主游戏有益于幼儿情感的健康发展

幼儿在自主游戏中可以自由表达情绪，犯错误之后也不会感到太大的压力与挫折。自主游戏可能利于幼儿的情绪健康。芬兰的《早期教育国家课程纲要》明确指出，游戏是幼儿的一种意义体验，它能给幼儿带来深刻的满足感，使其对不断变化的、充满挑战的世界产生热情，有效地与他人交流情感。

经济合作与发展组织（OECD）发布的报告称，儿童的自主活动可以促进社会情感的发展（而成人主导的活动益于学术学习）。比如能令焦虑、沮丧问题最小化。户外游戏是幼儿日常压力的发泄口。所有的孩子都会经常出现焦虑、沮丧、愤怒等负面情绪，而较大运动量的户外游戏则能缓解这些负面情绪。

自从《不让一个孩子掉队》法案实施后，美国的学校减少了学生休息与游戏的时间，让学生把更多的时间花在读写、算术上。为了评估法案实施带来的影响，纽约市奥尔伯特·爱因斯坦医学院的巴罗斯教授（Barrows H.S.）和她的同事研究了美国1万多名8~9岁儿童的休息状况。他们发现，没有多少休息时间的儿童更具有破坏性，在课堂上也较难管理。即使考虑了班级规模（class size）、家庭收入之类的变量，休息、游戏与行为之间的相关性也成立。

三、自主游戏有益于幼儿社会适应能力的不断提高

人格心理学家艾森克（Eysenck）认为，自主性是构成情绪稳定性—适应性维度的重要特质。自主让儿童拥有了适应环境不断变化的灵活性，这种特性可以让人敏捷地应对成年后不可预测的生活情境。精神病学家布朗（Brown）在《科学美国人》上发文《急需游戏》，他对6000名成人进行研究后发现，在童年时没有常玩自主、想象性游戏的成人，在社会适应、压力应对、问题解决方面有困难。儿童可以通过游戏来扮演不同的社会角色，从而学会分享、同情、协作的技能。

自主游戏能让儿童练习社交技能，帮助他们在与同辈互动中学会合作、分享、协商、遵守规则、解决冲突。游戏也能为成人提供与儿童互动的绝佳机会，儿童能从这些重要他人身上学到许多社交技巧。例如，西蒙指出，"红灯绿灯"之类的游戏能让儿童控制冲动，如果要玩打闹游戏或合建一个沙堡，儿童需要协商如何分工、遵守什么规则。通过角色扮演，儿童能变得"去自我中心"，也就是能站在他人的位置，从他人的视角看待事物。

华盛顿州立大学的研究者潘克塞普（Panksepp）认为，游戏的功能是形成亲社会行为或社会智力，知道如何与他人积极地互动。长期以来，研究者认为玩打闹之类的游戏是动物幼崽为了获得捕猎和打斗技能，但近10年的研究发现并非如此。比如，即使在幼年时被剥夺了游戏的成年猫，捕鼠时也没有困难。潘克塞普在研究老鼠时发现，游戏似乎激发了思考与加工社会互动信息的大脑区域。游戏行为在各物种中非常相似，老鼠、猴子、儿童都遵守相同的规则，如轮流、公平与无害，帮助人类和其他动物更好地适应社会。波士顿学院的心理学教授格雷（P.Grey）说："儿童间的游戏可以让他们自己决策，控制自己的情绪与冲动，从别人的视角看问题，与他人协商，与他人交朋友，总之，是自己控制自己的生活。"

新南威尔士大学社会政策研究中心的斯堪特博尔博士（Scantable）研究了悉尼经济状况处于劣势地位的家庭中年龄在11～17岁的孩子。她让这些孩子回忆童年经历。结果发现，不像中产阶级的孩子，这类家庭中的大多数孩子放学后很少玩结构性游戏（因为缺少资源，没有成人组织管理），玩的都是自主游戏，他们在公园或绿色空间中搭窝棚、创编自己的游戏与街头音乐、玩角色游戏（有时能持续一天）。这让幼儿真正地独立、坚强、有能力，与同伴很团结，学会倾听他人。她认为孩子需要自主活动与结构活动的平衡。

四、自主游戏有益于幼儿高水平社会成就的展现

具有高水平的自主意识或者自主意识强的人，其社会表现往往是奉献型的、进取型的，其工作、学习富有创新精神。在高度创造性的个性品质中，高水平的自主性是最基本、最重要的一项因素。

在游戏中，现实的负担与限制消失了，我们能成为任何人或任何物，可以自由地使用玩物，不会过于担心失败，大胆地去做假设并验证它。这样往往

会生成自由探索未知的兴趣与能力。1973年，美国的《发展心理学》杂志刊登了一项研究，研究者把90名幼儿园的孩子分成三组。第一组幼儿可以自由地玩四种物品：一堆纸巾、一把螺丝刀、一块木板、一堆曲别针；第二组幼儿被要求模仿实验者如何使用（普通方式）这些物品；第三组幼儿（实验者没让他们看这四样东西）被告知，坐在桌旁，想画什么就画什么。10分钟过后，实验者问这些幼儿，可以如何使用这四类中的某一种物品？结果发现，自由玩耍组的幼儿平均能说出的物品的（非常规的、创造性的）使用方式数量是其他两组的3倍。霍华德·琼斯（Howard Jonnes）、泰勒（Taylor）和萨顿（Sarton）研究发现，让学生自由玩10分钟的面团后，再让他们完成创造性或普通任务，结果他们提出了更多创造性的想法。这些或许说明自主游戏能培养儿童的创造力。

德国希尔德斯海姆大学以格里夫（Grove）为首的3位心理学家对134位成人进行了调查，要求他们回想调查量表中的7个陈述与自己3～10岁时的经历的吻合程度，如"我的父母总是害怕我出事，因此他们不让我自己做事""我自己尝试与试验过许多事情"。这些成人还回答了10个有关"社会成功"的问题，如"其他人欣赏我的工作""如果某事出了问题，我身边的朋友会帮我"。另外一些测验针对他们的耐挫能力、自尊水平。研究者发现，童年时充足的自主游戏时间与成年后的社会成功呈显著正相关，自主时间也与高自尊、目标调节的灵活性相关。研究者指出，虽然儿童游戏不是社会成就唯一的甚至可能不是最重要的预报器，但是研究中发现的两者之间的关联非常高。

五、自主游戏有益于幼儿认知技能的有效提升

在自主游戏时，幼儿能在自己感兴趣的活动中保持较长时间的注意力，能获得第一手的经验，在活动中尝试自己解决问题，并在不知不觉中吸收信息，较长时间地储存信息，这都有助于记忆、思维与想象。儿童在自主游戏中依靠自身去理解事物，能长时间地保持注意力集中。三四岁的儿童能花一两个小时去做模型、搭积木、玩感知材料，这并非罕见。他们很清楚自己在做什么、为什么这样做。良好的专注力对认识能力的发展非常有益。几项实验研究发现，学生在自由游戏之后，在学习上注意力更集中了。

幼儿的自主游戏不仅具有短期功效，而且具有长远影响。一项美国的跟踪

调查研究显示，自主游戏对个体的健康发展有着持久的影响。研究者把68名处于社会弱势地位的3～4岁幼儿随机分配到幼儿园的三个小班中。有两个班的活动中至少包括21%的自主游戏与自发活动，第三个班主要进行学术性的直接教学，只有2%的自主游戏活动。当这些幼儿长至15岁时，研究者发现，第三个班的儿童明显比其他两个班的儿童更可能表现出行为不端，不太可能参加活跃的身体运动以及为家庭与社区做贡献。在他们23岁时，第三个班的人的问题更严重了——失业和坐牢的人显著多于其他两个班。这些发现强调，自主游戏受限可能对人的健康发展产生潜在的、终身性的负面影响。

科罗拉多的心理学家们指出，自主游戏之类的活动如空想、冒险、独立探索对儿童执行功能的发展非常重要。比如，做长远计划的能力、自我调节的能力、活动间转换的能力。这些能力是儿童学业成绩的"预测器"，也可预见其未来的健康与财富状况。波士顿学院的心理学教授格雷在其著作《自由学习》中指出，个体幼年时的自我调节水平与其入学准备及以后的学业成绩紧密相连。

自主游戏是幼儿的需要、权利、工作与学习方式，也是家庭教育的主要途径，应进入学历社会的制度设计中，像学科学习一样，在教育体制中拥有合法的、真正的时空，应贯穿幼儿园的生活中，成为幼儿成长与发展的载体。麦克米兰（Mcmillan）认为，幼儿需要的是以幼儿为中心、以自由游戏为基础的课程。洛克认为儿童天生就是游戏者，他们在自主游戏时是最快乐的。

如果幼儿在游戏中摆脱了"他主"的枷锁，安心地享受"自驾游"的过程，游戏价值与游戏精神才能充分显现。但这并不是说幼儿主导的自发性游戏比教师主导的教育性游戏对幼儿更重要。这两种游戏对幼儿都是必需的，都能满足幼儿发展中的某些需要。自主游戏可以满足幼儿的创造、想象和同伴交往的需要，教学游戏可以提升和扩展幼儿的各种直接与间接经验，有助于满足其自我实现的需要。维果斯基（Lev Vyaotsky）认为，学习与成长存在于社会互动中，儿童在与更有能力的他人（包括成人、同辈）的社会互动中，才得以超越现有发展水平，不断晋级"最近发展区"。

第四节　幼儿户外自主游戏活动开展的意义

　　游戏是幼儿最主要的活动，幼儿园为幼儿创设各种游戏环境、制作游戏材料、开设各种类型的游戏是必不可少的。将游戏引入幼儿的生活活动中，让幼儿在游戏的情境中加以练习，幼儿会主动而乐于不断尝试，这是因为游戏是幼儿最喜欢的活动。经过一段时间的练习，幼儿的生活自理能力会有很大进步，同时也培养了幼儿的学习品质、合作精神、数学思维、语言表达能力及组织能力。游戏以幼儿为主体，当他们真正自由自主地参与游戏，我们可以发现他们身上富有的趣味童心和潜能，我们会被他们深深地吸引，这是幼儿散发的魅力。这种魅力不断促使我们去推进幼儿游戏的发展，使得每个幼儿都能均衡而富有个性化地飞速成长。

一、提高幼儿的自理能力和服务意识

　　在幼儿园中，可以将幼儿的生活、学习、游戏有机地融合起来，而不再割裂开来，首先尝试生活活动和游戏相结合，利用幼儿的生活经验，加入游戏的元素，这样，幼儿既能体验到游戏的快乐，又能在真实的情境中体验真实的生活，从而让幼儿从中获得更多的发展。

（一）生活中游戏，提高生活自理能力

　　现在的幼儿大都是独生子女，处于家庭呵护的中心，导致出现生活能力越来越差的情况。这样的情况大都是家长造成的。有时候，幼儿愿意动手尝试，而家长有很多顾虑，总是包办代替，使得幼儿的各方面能力越来越差。新入园的幼儿基本是两手一摊，什么也不会做，就连吃饭也是巴望着教师来喂。幼儿在家里经过几年时间养成的习惯，一时间要改变也是不太可能的，如果采用生硬的技能练习，一来幼儿不感兴趣；二来也收不到好的效果。将游戏引入幼儿

的生活活动中，让幼儿在游戏的情境中加以练习，幼儿会主动而乐于不断尝试，这是因为游戏是幼儿最喜欢的活动，经过一段时间的练习，幼儿的生活自理能力就会有很大进步。

比如，在吃早点的时候，先给幼儿进餐的地方起个幼儿喜欢的名字，如"早点馆"，每天安排4名小服务员参与这个"早点馆"的游戏。早上幼儿们还在操场做操的时候，4名服务员先到教室吃早点，吃完早点，等保育员阿姨消毒桌面的时候，他们就要开始自己的服务工作了：分发点心、准备好擦桌子的小毛巾、放置垃圾桶，等其他幼儿回到教室为他们服务，用完餐后，服务员们又要擦拭桌面，等等，使幼儿在生活服务和游戏的过程中提升了生活能力。

这个"早点馆"游戏，一方面使幼儿的自理能力获得了提升；另一方面也减少了教师和保育员的工作量，幼儿在不断的尝试中探索，为以后开展其他游戏奠定基础。

（二）生活中游戏，提升服务意识

独生子女除了自理能力差以外，还经常以自我为中心，样样东西都是独吃独占，不会想到别人，更不会主动为别人服务，这是因为幼儿总是接受着家人无微不至的照顾和包办代替，他们没有这样的意识，也未形成这样的习惯。但是，现如今是个合作的社会，需要有团队精神和服务意识，才能融于团队，生活游戏能很好地培养幼儿的服务意识。

除了在餐点活动中让幼儿尝试做"小小服务员"服务同伴以外，还可以利用午睡环节，让幼儿尝试做"午睡管理员"。以往这项工作都是教师负责，帮助幼儿脱衣、盖被，忙得不亦乐乎，特别是到了冬季，更是疏忽不得，因为幼儿不能及时脱衣进入被窝很容易着凉生病。有了"午睡管理员"，幼儿们就可以大显身手了：小小管理员和教师一起帮助同伴脱衣服、拉下裤子，提醒他们摆放好鞋子，等小朋友躺到被窝里去了，小小管理员还会细心地帮助幼儿掖好被子，等幼儿都睡好了，他们才上床睡觉……之前，幼儿们有这样做的机会也仅仅是在"娃娃家"的游戏中，面对那些冰冷的塑料娃娃和布娃娃，他们不能做到将它们等同于家人看待，因为那仅仅是一个玩具而已。但是在幼儿当"午睡管理员"的时候，他们面对的是同伴，每一名幼儿都需要他们照顾和帮助。有时候小小管理员还会将别人是如何照顾自己的经验运用到帮助别人的行动中去。幼儿自己的有益经验在生活游戏中及时得到了练习和巩固，树立为同伴精致服务的意识。帮助别人，快乐自己，幼儿在帮助同伴的过程中，培养了服务意识，同时也学会了自律。

二、培养幼儿的学习品质

游戏是幼儿最自豪的活动，建构区是幼儿十分喜欢的活动区角，特别是到了大班，幼儿的合作意识有了进一步提升，他们的建构不再是平行活动，而是会寻求与同伴合作，建构出有主题的作品。采用建构区作为试点区域，让幼儿在规则的允许下，自行处理游戏中出现的问题，教师则通过观察记录、分析，帮助幼儿更好地解决问题与冲突，使幼儿的游戏自主能力得到提升。

陶行知先生的"六解放"中提出，要解放幼儿的空间，就是要给幼儿提供更加广阔的空间，不光要让幼儿广泛地接受各种环境，同时在活动中也要让幼儿自主选择参与游戏的空间，公平一致地让幼儿参与游戏的竞选，而不再由谁来决定幼儿要参与怎样的游戏，他们想参与什么，就大胆地在规则的允许下进行。

（一）与幼儿共同制定游戏规则

游戏是幼儿的拿手好戏，游戏是他们最爱的活动，他们有着天生的驾驭能力，对于游戏中需要遵守的规则不需要教师来制定，这样会让幼儿觉得那是教师强加给他们的，他们处在被动中，遵守起来也是被迫的，降低了遵守规则的意识，使游戏规则的遵守大打折扣。

在开设新游戏的时候，不妨放手让幼儿参与，在没有规则的游戏中，幼儿会遇到很多困难，为了游戏能够顺利开展，幼儿会主动提出一些约定，这样的约定就可以慢慢形成游戏的规则。

比如，"美味点心店"开张了，吸引了很多小顾客，6名小服务员要制作点心、收钱、整理顾客使用后的餐盘，一时间，服务员忙得不可开交，也没有好好地招待小顾客。在随后的讲评环节，服务员和小顾客都觉得游戏太乱了，点心、餐盘弄得乱七八糟。后来幼儿们一起商量：点心店的服务员需要分工，一个负责做点心，一个负责收钱，两个负责整理顾客使用后的餐盘，只需4名幼儿就可以了，每人专心做好自己的事情，"美味点心店"的游戏开展得有条不紊。幼儿自己制定的人员规定和分工在全体幼儿中一致通过，大家对"美味点心店"的游戏流程了解清晰，游戏的时候自行协商角色分工，不需要教师一遍遍地重申规则，幼儿对游戏很快熟悉，不断深入游戏内容，并且推出外卖、开发新点心等活动。

（二）鼓励幼儿大胆争取参与游戏的权利

告诉幼儿，每个人都是班级的一分子，可以参与班级里的所有游戏，想玩的游戏可以商量轮流玩或者以不同的身份参与进去。有时候，能力强的幼儿通常在里面充当组织者的角色，使用的方法是有利于自己的。教师应鼓励幼儿大胆提出自己的想法，在所有玩游戏的幼儿中展开进一步讨论，大家都认同的方法或者规则才是需要我们共同遵守的。

比如"奶茶铺"游戏。"奶茶铺"很小，只有2名营业员，其中一人是小店长。谁来当小店长这个问题很让幼儿纠结。有时候，幼儿会直接说"今天我来当小店长，你是营业员"，如果另一个幼儿同意，游戏就可以开始了，但是很多时候，2名幼儿都想当店长，那就需要幼儿自己来解决。他们的做法是以"石头剪子布"定输赢，赢的当店长；或者采用轮流制，一会儿你当，一会儿我当；或者比赛谁的准备工作做得快，比如，谁先铺排好一个货架，谁就当店长……店长有很大的"权力"，可以负责工作分配，可以出门送外卖，可以去超市采购物品作为促销小礼品吸引顾客……这些都是幼儿们的想法，他们赋予了"店长"更多的游戏权力，也是幼儿不断深化游戏的一种表现。只有给予幼儿最大的自由度，他们才能更好地在游戏中施展自己的想法和做法。

（三）及时进行游戏情况的分享和反馈

游戏是幼儿的游戏，教师要做的就是认真观察幼儿的游戏表现，给予支持，并鼓励幼儿自己解决游戏中的问题，每次解决问题的过程都是幼儿游戏能力小步递进的过程。

三、培养幼儿的合作精神

幼儿时期是幼儿从自然人向社会人过渡的重要时期，开始去"自我中心"，体验与同伴交流合作的快乐。教师要抓住有利契机，培养幼儿的合作意识，并在不同的活动中让幼儿尝试小组合作、团队合作，体验合作的成功与快乐。

对于幼儿来讲，他们来自不同的家庭，受到家长的百般呵护，很多幼儿以自我为中心现象很严重，于是在幼儿园中，教师更需要注重幼儿合作意识的培养，但是仅有意识还不够，还要培养幼儿的合作能力。在幼儿园中，为了避免幼儿的争抢，教师会为幼儿准备各种各样的游戏操作材料，基本做到人手一份，这样虽然避免了幼儿之间发生纠纷，貌似做到了公平，但却在无形中让幼儿失去了进行合作的可能。比如，在玩建构区游戏的时候，就算是大班幼儿，多数时候也是霸占着自己想要的玩具，在搭建过程中选择自己喜欢的形状、颜色进行独立拼搭，顶多偶尔会问同伴要一两块积木，彼此之间没有矛盾冲突的情况下表现不出来，但如果将所有积木汇集在一起，让幼儿进行合作搭建，那么幼儿便会抢起来，这时会听到"我的积木不能被拿走""这个是我先拿到的"等叫喊，说到底，还是幼儿的合作能力欠缺。

只要是能力，就都需要在不断的实践中，通过自我的不断学习、练习、反思、总结而获得，如果仅仅是通过教师的不断说教而获得，这样的能力便是伪能力，到了实际需要运用的时候，幼儿不能举一反三，灵活运用。

比如体育游戏"运轮胎"，让幼儿动手把轮胎运往计划搁置轮胎的地方。由于是货真价实的轮胎，重量为9千克左右，外直径为1.2米，对于幼儿来讲，要比较长距离地运轮胎对他们的体力是相当大的考验，因此这个游戏必须通过两两合作或多人合作才能完成，直接给幼儿提供了合作的机会。一个人完不成，幼儿会主动寻找搭档，运送轮胎的方式不限，由幼儿自行探索。

多数幼儿是与好朋友组合，并且采用分段式运送，这样的方法是幼儿从前采取得比较多的，他们借鉴了平时滚接皮球的玩法，这是幼儿借助了前期积累的合作经验，大家合作得都很顺利。这时教师可以提出更高的要求：要以更快的速度运轮胎，看哪一组幼儿运得最快！这样一来，幼儿运轮胎的方式就变得多样起来，为了能最快到达终点，幼儿跟伙伴商量、研究最佳运轮胎的方法。为了公平起见，两名幼儿为一组，搭档自选。游戏一开始，幼儿便热闹起来：有的幼儿两人合作用双手抬着轮胎一路小跑将轮胎送到目的地；有的幼儿采用一个推，一个在旁边护卫的方式，防止轮胎"走歪路"，这样能快速到达目的地；仍然有幼儿采用分段推送的方式，但幼儿从中发现两个人互换时速度必须快。相比第一次尝试，由于教师提出了加快速度的要求，因此幼儿在两两合作中就注意到要避免轮胎在滚动中拐弯、倒地而出现时间浪费的现象，不断提高了两个人合作的精确度，同时也尝试其他运送轮胎的方法。

通过自己的努力，幼儿找寻到了两两合作最快运轮胎的方法，教师建议把多个轮胎叠加起来运送。聪明的幼儿发现两个人运送轮胎难度较大，主动提出多人合作的方式，为了公平起见，这次运送人数定为5人，至于轮胎怎么叠加、一次叠加多少个、选择什么样的运送方式，都由幼儿自己商议决定。这一次运送并不是很顺利，新的合作需要新的思路。当轮胎从平地到叠放起来，且不断地被运走，环境在不停地发生变化，幼儿需要设想在运轮胎的过程中可能发生的各种问题，也需要幼儿更合理地安排同伴之间的人员配备。所幸的是，在游戏的过程中，幼儿及时进行总结并发现了其中的奥秘，有的幼儿力气小，有的幼儿力气大，根据前面游戏的经验和对这次运送轮胎进行了合理的调整，幼儿终于顺利把叠加在一起的多个轮胎运到了目的地。

这次游戏让幼儿体验到了小组合作的重要性，也知道在合作中需要根据情况不断改变策略，从而在游戏中得到满足和成就感。

在幼儿园的教学活动中，似乎很少有这样的活动能让幼儿淋漓尽致地体验一把小组合作的乐趣。通过这样的游戏，他们懂得了"众人拾柴火焰高"的道理，不仅要合理组合，还要不断根据不同的情况进行调整，而且需要自己不断观察游戏的情况，不似以前轮流的竞技性游戏，轮到自己，只要自己保证拿出最好的成绩就可以了，对于别人的比赛，很多幼儿处于不关注的状态。而这个游戏吸引了所有幼儿关注的目光，不光关注自己小组，还关注别的小组的活动情况，并且加以比较，得出结论，然后进行调整，真的是极大地培养了幼儿的合作协调能力。

四、培养幼儿的数学思维

数学是研究现实世界的数量关系和空间形式的科学，具有高度的抽象性和逻辑性。对于学前儿童来说，数学是他们成长过程中不可或缺的一部分，他们对周围的一切事物进行感知、观察、操作、发现并且进行主动的探究。在自己的生活环境中，幼儿不断感知着数、量、形、类别等数学知识，在认识客观事物、与人交往、解决生活中遇到的有关问题时都不可避免地要和数学打交道，周围的现实生活就是幼儿基础数学概念形成和发展的重要源泉。

《3~6岁儿童学习与发展指南》（以下简称《指南》）中指出："引导幼儿感知和体会生活中很多地方都用到数，关注周围与自己生活密切相关的数的信息。"所以，在幼儿园的一日生活中，通过集体教学活动，不仅可以让幼儿的思维得到发展，而且在任何一个时段，通过和幼儿互动，都可以让幼儿通过游戏感受数学的魅力。

（一）在建构游戏中"创"潜能

在建构区，积木是幼儿最喜爱的玩具。它不仅能帮助幼儿开发逻辑思维和增强动手能力，而且可以帮助幼儿培养耐性。积木有着不同的形状和颜色，幼儿通过数积木的数量，堆叠起来比高低，排出长和短等。教师应该做的就是给予他们更多自由玩的空间，观察他们如何排列、组合，是横着排、直着堆，还是按照一定的规律排列，或者以一个积木大小为单位来进行自然测量等。在选择积木、辨认形体、搭建建筑物的过程中，幼儿激活并运用有关的数学知识，从而起到学习和巩固数学知识的作用。另外，积木又可以让幼儿不断地重复进行游戏，幼儿会越玩越有兴趣，越玩越有花样，这不仅锻炼了幼儿的空间能力、创造能力，也容易使幼儿得到满足感与成功感，同时其他方面的能力也得到了相应的提高。

（二）在角色游戏中"玩"生活

幼儿对数的概念的获得离不开生活的背景与环境，幼儿的数学学习必须与生活经验相连接，将其运用于每天的生活情境中，是让幼儿自然接触数学的最好渠道。在游戏中，不仅能让幼儿将生活中的数学运用起来，更能使其获得丰富的感性体验及自我发展的机会，这时候，教师应该放手让幼儿自己亲身去做、去体验，为幼儿提供合适的游戏环境以及自我发展的游戏机会。

例如，在"早餐店"，让幼儿给顾客分发筷子，在发筷子中得到锻炼，从一个人一双筷子的分发方法发展成先算算一共有几个人，应该发几双筷子。在"美味烧烤"游戏中，买卖游戏能帮助幼儿复习数的加减运算，制作食物的幼儿直接在每样食物上进行标价，写上2元、3元、4元等不同的价钱，每位顾客有10元，顾客自由地进行购买活动，购买时，规定幼儿手中的钱只能买2样或3样食物。在"银行"游戏中，幼儿运用10以内的数字作为存取钱的密码，取出和存入的钱进行数字连加连减的记录，生活与游戏又可以紧密地联系起来。

很多日常生活和游戏中的小细节不但能帮助幼儿发展身心、培养自信心，还能将数学运用到其中。教师必须挖掘更多的生活素材，寻找联系数学知识与幼儿熟悉的生活情境的切入点，将数学知识融入其中，使幼儿在游戏中学习数学，并且学得更轻松、更自然、更真实。

（三）在语言游戏中"知"经验

语言是认识人类认识世界、互相交往、进行思维的工具。幼儿可以将获得的数学经验以及发现的问题用语言表达出来，并且进行生生互动，让幼儿之间产生差异资源，幼儿可以将自己的经验用语言表达出来分享给同伴。数学与语言相结合，可以使幼儿获得的数学经验更为清晰，知识掌握得更为牢固。

1. 儿歌结合数学元素

儿歌为幼儿体验数学提供了有利条件，将儿歌与数、形巧妙地结合在一起，可以将抽象而单调的数形知识转变成有韵律、有节奏的艺术形式，幼儿可以在欢快、活泼、有趣的气氛中学习和巩固数学知识，以幼儿喜爱的方式来潜移默化地渗透粗浅的数概念。

数学儿歌：

五只猴子荡秋千

五只小猴荡秋千，

嘲笑鳄鱼被水淹，

鳄鱼来了、鳄鱼来了，

啊呜啊呜——（吃掉了一只猴子，还剩四只猴子）

四只小猴荡秋千，

嘲笑鳄鱼被水淹，

鳄鱼来了、鳄鱼来了，

啊呜啊呜——（又吃掉了一只猴子，还剩三只猴子）

三只小猴荡秋千，

嘲笑鳄鱼被水淹，

鳄鱼来了、鳄鱼来了，

啊呜啊呜——（又吃掉了一只猴子，还剩两只猴子）

两只小猴荡秋千，

嘲笑鳄鱼被水淹，

鳄鱼来了、鳄鱼来了，

啊呜啊呜——（只剩最后一只猴子）

在这首儿歌中，幼儿获得数学经验顺应了他们具体、直观、形象的思维特点。在这首儿歌的情节中，一只只猴子被吃掉，幼儿对1～5反复识记，巩固了幼儿数数的能力。同时儿歌中又巧妙地将鳄鱼吃小猴的情境相结合，数字以逆次序出现，使幼儿进一步形成倒数的数概念，幼儿在儿歌情境中感受愉快的气氛和有趣的数学活动，对周围环境中的数学现象会产生更多的敏感性。

2. 绘本渗透数学知识

绘本经常出现在阅读区，它也是幼儿喜爱的图书之一。很多教师认为，绘本里面没有数学主题，其实不然，每一本绘本都可以是很好的工具书。例如，在幼儿阅读动物绘本时，教师可以引导幼儿寻找其中有没有相似的动物，这就是一种配对和比较的学习，或者引导幼儿数一数绘本中出现了哪些动物，一共有几只，让幼儿学会计数。

此外，教师还可以提供一些数学绘本让幼儿自主地选择阅读。例如，绘本《大卫不可以》中，大卫在玩车子，妈妈叫他吃饭，大卫说等一会儿；一会儿，妈妈又叫他吃饭，大卫说等一会儿；妈妈又叫他吃饭，大卫还说等一会儿……幼儿在阅读时，可以发现绘本中语言的排列规律，更好地体验数学活动的趣味性，从而发展迁移性思维。

（四）益智游戏"活"思维

儿童心理学家皮亚杰认为，动作是智慧发展的源泉，任何知识都来源于动作。我们还应该在一日生活中创设相应的环境，提供给幼儿隐含教育价值的操作材料，幼儿通过自身的实践，以作用于物体动作的足够经验和体验为基础，借助被操作的物体获得经验，并从多种经验中提升概括，成为自己的经验，让幼儿在动手操作中逐步体验抽象的概念，活跃自己的思维。

幼儿一天的生活中与数学接触的机会无处不在，数学就在幼儿的周围生活之中，数学本源于生活，生活中处处有数学。作为教师，我们应该知道幼儿的逻辑思维发展依赖动作和具体的事物，我们应当更多地考虑如何去激发幼儿对数学学习的兴趣和探究欲望，如何利用有效的环境和恰当的环境、方法去调动幼儿的学习兴趣，以促进幼儿对数学问题的思考和主动解决。在材料提供中，教师也应当注意无论是材料的选择或制作，都应体现以游戏为主，而不是纯粹的操作，应当为幼儿创造一个愉悦的学习环境，让幼儿在游戏中操作、学习，并且有足够的时间、空间去探索、发现、思考和建构。

对于学前儿童来说，无论哪一方面的知识和能力的发展都是粗浅的、基础的、多侧面的，应重在兴趣性、启蒙性、生活性、应用性，教师不应只关注数学领域，而应将所有的领域都协调统一起来，将数学知识与他们的实际生活和游戏相联系，锻炼和促进其思维能力与思维品质，使得他们能够自觉地、有意识地运用数学的相关概念去解决生活情境中的问题。

五、培养幼儿的语言能力和组织能力

在幼儿园的一日生活中，游戏伴随着幼儿的成长，在游戏中，教师能够观察到幼儿的发展状况，又可以通过游戏来促进幼儿的发展。由此可见，没有游戏就没有发展，游戏与幼儿发展的关系是相互促进、相辅相成的。

在图书区，晨晨想到了故事《小蝌蚪找妈妈》，她根据自己对故事的理解，将原先的故事内容小蝌蚪遇到鲤鱼、乌龟、虾公公等小动物的情节，一边讲述，一边用画笔绘制成一幅幅图画，接着又对故事进行了一定的构思创编，小蝌蚪还会遇到哪些小动物？在小青蛙遇到妈妈之后，又会发生什么有趣的事情呢？将自己想到的情节一张一张地画下来，然后装订成图画书讲给自己和其他幼儿听，也可以放入阅读区供别人翻阅。

在图书区，虽然大家都在看图书，但是晨晨通过自己对故事的再创造，不仅使图书区的内容和形式发生了改变，更值得关注的是，在专注于边讲故事边绘画的过程中，她的思维和语言表达能力也得到了进一步发展。

不难发现，幼儿游戏都有自己的发展轨迹，他们所处的发展水平都是不同的，都有着自己的思维特点和方式，其中的乐趣只有他们自己知道，他们在游戏的小天地里，想说、敢说、喜欢说、有机会说。

在角色游戏中，我们甚至发现有些幼儿越来越主动提议游戏，并解释游戏是怎样进行的。他们往往用语言来监督并指导整个游戏的进程，让别人按照自己的想法去做，告诉其他幼儿到哪里去、做什么，要求角色分工，并相互帮助，支持这种分工角色的执行。有时候，他们的主意很吸引人，幼儿都争先恐后地要参加，而且玩得很开心，这不得不说幼儿在游戏中也锻炼了自身的领导组织能力。

在小班"娃娃家"中，格格扮演的是妈妈，她对扮演爸爸的幼儿说："你去超市购买一些宝宝用的东西。"扮演爸爸的幼儿不想去，反问她："你为什么不去买？"格格说："我是妈妈，我要在家照顾宝宝。"于是，"爸爸"去超市购买了奶粉，回来后，格格又让"爸爸"去冲奶粉，就在"爸爸"给宝宝冲奶粉的同时，格格带宝宝去洗澡了，就这样，格格和"爸爸"之间产生了合作行为，他们自行分工，确定好了自己应该做的事情。

在上面的案例中，格格作为"妈妈"，主动提出"爸爸"要买奶粉、冲奶粉，在游戏中的"爸爸"也随着游戏的情境与她互动起来，通过整个游戏过程中的对话，格格与"爸爸"之间有了合作行为，这样的合作行为正是在游戏中发生的；反之，又由于格格表达了自己的"领导语言"而使得游戏的内容变得更加丰富、有趣。

其实幼儿的语言发展和组织能力发展在大班游戏中尤为明显，他们通过模仿现实生活中成人的活动，不断地操作、摆弄游戏材料，动手动脑，锻炼语言表达能力，发展自己的个性与能力。

洋洋自信、大方，有自己的理解，他很乐于自己玩，而且很专注，他常常把自己的想法变成一个团体游戏，这时他是一名组织者。当他把游戏纸币收集到大袋子里的时候，周围的同伴也帮助他收集游戏纸币。他建议大家一起来玩商店买东西的游戏，让另一名同伴接替他收集游戏纸币工作，而他自己去商店当了老板，他总是能想到办法和小伙伴们玩到一起。他还特别喜欢看着事情按照他的想法去发展，好几次，他都让他的小伙伴听他的话："你们在干什么啊？不是像你们这样做的！你们应该听我的，像我这样做！"原来他们在搭积木——建造一条小船，他的小伙伴把雪花片放错地方了，他正在进行指正。玩"娃娃家"时，洋洋发现教室的垃圾桶里有教师扔掉的小木棒，洋洋对彤彤说："你可以把小木棒捡起来当作小菜刀切菜。"

可见，洋洋总能给予同伴意见，帮助大家想办法，大胆表达的同时进行实践，他甚至有一定的领导与组织能力，他的同伴很认同他的做法，而洋洋的这种组织能力正是在游戏中体现得淋漓尽致。

只有在游戏时，幼儿表现出来的语言和游戏水平才是最真实、最自然的；只有在游戏的时候，幼儿的经验才是最综合的，他们都是在自己的水平上根据自己的兴趣和需要来游戏。那么，幼儿教师应该如何抓住游戏契机，引导幼儿大胆地讲述并积极思考，从而更好地促进其组织能力的发展呢？

（一）幼儿是表达的自发者

幼儿有自己支配和选择游戏的权利。在游戏计划时间，幼儿自发地说出自己想玩什么，打算怎么玩，跟自己的同伴说一说、聊一聊；接着根据自己的兴趣和需要，按自己的意愿自由选择游戏，他们以自己的方式进行游戏，通过每次的游戏来丰富自己的游戏内容，创造出自己游戏的"最近发展区"，讨论创设怎样的游戏环境和游戏空间，这样自己就成了游戏的主人，有着均等的游戏机会，他们会更愿意表达与交流。

（二）教师是幼儿的倾听者

教师的观察是十分重要的。教师站在一旁观察，听一听幼儿在说些什么，听一听幼儿感兴趣的话题是什么，只有尊重幼儿的游戏意愿，才能适时地帮助幼儿获得发展，使游戏内容得以延伸。但是，教师的介入并非越多越好，在介入时，我们需要思考是否打断了幼儿的思考，是否影响了幼儿的游戏，还是幼儿已经对教师的介入具有积极响应，或者可以帮助幼儿获得新的经验，从而提升游戏水平。最主要的是在游戏结束后，教师要给予幼儿讨论、表达、交流的机会，分享其游戏经验，这样，幼儿才会越来越愿意表达自己，想出更多游戏的新点子、新想法，教师要做的就是倾听，在必要时帮助幼儿整理与提升新的游戏经验，并提供给幼儿丰富的游戏材料。

（三）家庭是幼儿的影响者

家庭的教养方式，父母在教育、哺育子女方面所持的知识、信念、情绪及行为倾向和所采取的实际行动，都会对幼儿的社会角色认知、扮演等社会性发展方面产生较大的影响。在一个既传统又民主的家庭中，父母会一起加入幼儿的教育，他们会理解幼儿的兴趣和要求，鼓励和引导幼儿提出各种问题，并给予表扬，同时创造环境和条件帮助他们开动脑筋去想、去寻找答案，引导幼儿独立做出自己的选择和决定，既对幼儿提出严格而合理的要求，自身又会作为榜样，这样的影响会直接反映于游戏中幼儿的各种表现行为和能力。

总之，幼儿户外自主游戏活动开展的终极意义在于，通过开展以幼儿为主体的游戏，使每名幼儿都能均衡而富有个性化地飞速前进。

第二章

幼儿户外游戏场地的创设

　　深度学习是在大脑中形成某种概念后，产生迁移，形成某种新思维，继而由内而外生发的一种自主学习方式。在这一理论的指引下，在幼儿户外游戏中，幼儿园十分注重相关场地的创设，场地的选择需要在安全的前提下，充分考虑活动场所的安排是否合理。一般需选择平坦、空间相对较大、环境优美、阳光充足的场地，以确保幼儿可以更加舒适地开展游戏，这也为幼儿的深度学习提供了十分重要的硬件支撑。

第一节　幼儿户外游戏场地概述

一、幼儿户外游戏的时长问题、归因分析及价值

（一）幼儿户外游戏的时长问题

如今，许多幼儿把大量的时间花在室内，他们主要做三件事：看电视，玩智能电子设备（如手机、电脑、电子游戏机），上课。许多幼儿每天看电视、玩手机、玩电脑的时间超过2小时，到寒暑假，这一比例还会激增。家长们认为，电视台超长时间播放动画片也是导致孩子看电视时间过长的重要原因。

今天的幼儿比其父母小的时候更少有户外游戏时间。英国英格兰游戏（Play England）的一项研究显示，70%的成人在童年时经常去的探险地是户外，如树林、河流，而今天只有29%的孩子如此。在澳大利亚的一项研究中，72%的家长回答说他们小时候经常在户外玩耍，而他们的孩子中只有35%的人常在户外玩耍，10%的孩子一周只有一次（甚至更少）户外玩耍的机会。克莱门茨（Clements）对美国3~12岁孩子母亲的调查发现，70%的母亲报告她们在儿时每天可以在户外玩耍，而只有31%的母亲说她们的孩子可以如此，而且，56%的母亲说她们小时候一次可以玩3小时及以上，只有22%的母亲说她们的孩子可以玩这么久。

幼儿之所以自愿选择在户外游戏，部分原因在于户外为幼儿的游戏提供了更丰富、更刺激、更开放的环境支持，可以维持他们的注意和热情。在户外，幼儿可以减少或免于成人的监控，可以较为自由地选择游戏的元素，如地点、时间、玩伴、游戏类型、挑战水平等。当幼儿常常局限于室内活动时，他们更易成为娱乐节目的接收器，而不是有创造性的、自力更生的、独立的个体。相反，户外游戏较为开放，容许幼儿专注于活动与更少依赖父母和其他成人。幼

儿在户外游戏中也收获了一些令人满意的效果，如更多的大肌肉活动，更多宣泄性的活动（如更乱、更吵、更需体力），更高的活动水平，更充分的语言表达，更广泛的社会行为等。

（二）幼儿为何缺少在户外游戏的机会

1. 游戏为"正规"的学习让路

如今，在校学习开始占据幼儿越来越多的时间，而且室外不被视为正式的教育场所。幼儿"正规"学习的多数时间是在室内进行的，于是成人更重视幼儿的室内活动。幼儿教师花在设计户外环境与户外活动的时间大大低于设计室内活动的时间，室内活动构成了幼教课程的主要部分。

2. 安全至上

当父母上班没有时间或下班后疲倦或心烦不愿意陪孩子出去玩时，幼儿就更缺少户外游戏的机会了——成人很可能会选择让儿童待在电视机或电脑前，他们认为这是一个安全的选择。美国的一项研究发现，将近50%的幼儿在一天中没有独自在户外游戏的机会。家长们害怕儿童外出游戏的原因包括：担心他们弄脏衣物、身体，并染上细菌，害怕他们在游戏中受伤，遭受暴力、犯罪和交通事故。家长的担忧与实际情况往往不成比例，例如，家长担心孩子在游戏中受严重伤害的事极少发生。据英国皇家事故预防学会的估算，每年有4万名儿童因在游戏场地受伤而去医院就诊，但大多是小伤。对几个国家游戏场地意外事故的统计发现，多数与儿童游戏相关的伤害都是普通的、常见的类型，如瘀伤、擦伤、脑震荡、骨折，严重的、致残的、致命的伤害很少见，多数伤害对儿童的正常发展并不构成威胁。实际上，待在家里也并不一定安全，美国每6分钟就会有一名5岁以下的儿童因楼梯而受伤被送往急诊室治疗，每年有8000名儿童因电视机跌落而被砸伤。

3. 与电子设备相关的活动挤压了户外游戏

过去，幼儿在游戏时是操作有形的材料，他们在家庭、学校、社区与游乐场等场所中进行面对面的互动。当高科技含量的玩具以及智能手机、电脑等电子设备出现后，游戏的场所与形式也发生了变化。麦柯迪（Macurdy）等认为，电脑、电视与有组织的活动的增加让儿童花在户外的时间减少了。据美国的妈妈咨询中心的一项调查，孩子每周只有2小时的时间进行自主游戏，家长与孩子都认为电子技术是阻碍孩子出去玩的原因之一。68%的母亲认为孩子花太多时间在电子产品上，44%的孩子宁愿发短信，也不去踢球。72%的母亲说她们小时候在户外玩耍的时间远远多于自己的孩子。49%的孩子要求更多的户外自主游戏机会。93%的母亲渴求更多的、全家一起的户外活动。

作为缩减孩子户外玩耍的一种补偿，成人就给幼儿买大量的玩具。现代儿童拥有的玩具数量与种类越来越多，科技含量也越来越高。玩具制造商与软件开发者最善于捕捉现代父母的心理。各种益智玩具的广告铺天盖地，大量电子软件产品的开发面向低龄儿童，让幼儿对手机、iPad产生了兴趣。非常年幼的儿童也在一些科技设备上操作App，并把大部分的游戏时间投入这些形式的游戏中。

据舒勒（Schuler）统计，现在35%的手机应用程序重点针对年幼的孩子，年龄稍大的儿童的游戏也受到视频游戏和互联网游戏的极大影响，幼儿不断接触到带芯片的玩具，这些玩具正引导着幼儿的游戏行为，而不是孩子主导玩具的行动，它们让孩子成为反应者，而不是行动者。

4. 缺少户外游戏的场地

宽敞的场地可以鼓励儿童花更多的时间进行全身运动，但随着城镇的扩张，儿童游戏越来越多地在室内开展。原因之一是城市建筑占用或破坏了原来的游戏空间。日本科学委员会的数据表明，现在儿童所占有的室外游戏空间仅为20世纪末的1/10～1/20，而自然游戏空间仅为1/80。加拿大不列颠哥伦比亚省规定，在托幼机构中，每名幼儿的户外游戏空间不能小于7平方米，这只是一个停车位面积的一半；温哥华市建议全天幼儿保育机构要为3～5岁的幼儿提供10.6～14平方米的户外空间。在中国，乡村的幼儿有较充足的户外游戏空间，但在城镇，高楼大厦的迅速扩张导致土地紧缺，而且建筑物高度密集，可供幼儿室外游戏的空间明显不足。在不足的空间中，还存在"成人中心"的倾向。

（三）幼儿为何需要户外游戏

《复兴幼儿的自主游戏》的作者伯德特（Burdett）和惠特克（Whitaker）认为，户外自主游戏有益于儿童的认知、情感、创造力、自律、合作、自我意识方面的发展，降低压力与攻击性，增加幸福感。当户外自主游戏成为儿童每日生活的一部分时，它将展现其最大的价值，包括身体的、心理的、学术的价值。对于一些幼儿来说，户外游戏可能对他们的发展起着较为重要的促进作用。

研究发现，儿童的体质指数与看电视的时长呈正相关，与户外游戏的时长呈负相关。户外也是强有力的学习环境。杜威认为，学校远离了现实世界，但儿童应该在校外的现实世界中学习与游戏。罗布森（Sue Robson）和维多利亚·罗（Victoria Rowe）发现，户外游戏对促进幼儿的创造性思维特别有效，因为户外环境让幼儿有时间与空间去运用开放性的材料，形成自己创造性的想法。星球方舟的研究显示，92%的人认为户外游戏可以促使幼儿发挥想象力，93%的人认为户外游戏可以帮助幼儿发展身体与运动技能，90%的人认为户外游戏为人们降低压力提供了途径。

对于多数儿童来说，户外游戏往往更具有创造性、冒险性，社会互动更多、更有趣、更活跃、更持久，会使无所事事、旁观游戏、问题行为减少。

二、户外的正式游戏场地的理论

幼儿的游戏被视为他们与环境间的相互作用过程，无法从环境中剥离幼儿既受制于游戏环境，又在其中受益。物理环境在支持游戏，促进儿童健康、幸福，提高儿童自主性与创造性发展方面起着关键的作用。虽然幼儿游戏空间的选择可能并非首要考虑是在室内还是在室外，是人造的还是自然的，而更在乎的是某空间是否支持游戏。但是，户外游戏空间的某些优势是室内环境无法相比的，特别是一个设计精巧的、正式的户外游戏场地能引导游戏主题的选择、玩伴间的互动、个性的发展。比如，室外更适合开展玩沙、玩水和艺术活动之类的"脏乱"游戏（messy play）和大肌肉运动游戏；在室外游戏场地中使用的语言比室内的更复杂，男童在户外比在室内更多地参与表演游戏，女童在户外游戏中更自信。在发达国家，儿童户外游戏环境，特别是正式游戏场地的研究已经成为热点。

（一）什么是正式的户外游戏场地

根据空间生成有无目的来看，幼儿的游戏空间可以分为两类：非正式的游戏空间和正式的游戏场地。由于幼儿的性格有极大的随意性，因此几乎所有的情境都能激发他们的游戏行为。

正式的游戏场地是专门为儿童游戏、活动设计的有专门设施的场地，与周围其他用地有明显区隔，以减少相互干扰。正式的游戏场地主要包括三种：第一，城市公园的游戏场地和专门的儿童游乐园，如市级公园和区级公园，包括各种综合性公园、儿童公园、游乐园，此外，还有商场里的淘气堡；第二，居住区域公共空间中设置的游戏场地；第三，幼儿园中的游戏场地。政府会根据人口规模、服务半径、人均绿地面积，在正式场地的布局、数量、规模、资金上有较为系统的规划。比如，英国《开放空间法》就为正式游戏场地的创设提供了法律保障与依据，把儿童游戏场地纳入城镇规划中会增强他们的社区归属感和自豪感。发达国家在经历了快速城市化的阶段后，开始有意识地关注儿童游戏场所的规划和设计。但是，如今的正式游戏场地过于注重物质设计，而没有真正考虑幼儿对于空间的可改变性和多样性的需求。

20世纪初，中国的正式游戏场地才开始发展，但是至今，无论是数量、规模还是布局，都无法满足幼儿的游戏需求。设计精巧的幼儿游戏场所更是稀缺资源，因为没有几个儿童发展专家、幼儿园工作者懂设计，也没有几个设计师对幼儿发展领域比较了解，他们很难精确把握儿童的内在需求、喜好及其自主游戏的特点。况且，游戏场地设计的重点是大众化的景观，即使在规模稍小的空间中（幼儿园、学校和小区），对不同年龄儿童的需求考虑往往也是粗线条式的。比如，很少有针对性的考虑：功能分区、设备尺寸及安置、空间大小、植被种类、遮阳、铺地材料等。非正式的游戏场所承载了幼儿大部分的游戏活动。

（二）正式的游戏场地类型

1. 传统游戏场地

传统游戏场地模式可以追溯到19世纪，最初这类场地是为提高身体运动能力而创设的，很少考虑到儿童的智力与社会需求。这类空间只是有固定游戏设施的平坦场地。此类场地往往是柏油或水泥铺面，场内有典型的器械：攀登架、秋千、滑梯、跷跷板、旋转平台等。它们分散地设置在场地中，仅仅是室内体育设施的复制品，主要用来帮助儿童练习大肌肉动作，这显然受到了斯宾塞（Spencer）过剩精力说的影响。

从一些成人的视角来看，此类场地的地面比较平整，设备比较美观，容易维护。但许多学者认为设备功能太单一，幼儿遵循着"等待、上去、穿过去、下去、再重新来一遍"的游戏模式。此类场地不能为儿童提供有利于创造性发展的游戏机会，如探索性的、想象性的、建构性的游戏。从20世纪80年代开始，英国的研究者们就提出了固定游戏设施如游戏架、游戏屋可能带来的弊病。他们认为，这些设施仅能提供有限的、固定的游戏方法，并不能被儿童移动和改变，不能带给儿童长足的发展。年幼的使用者在此地的交流是有限的，没有什么可以一起做的事，而且更容易形成竞争，而非合作。

无论是从场地、设备的功能还是区域间、设备间的关系来看，此类场地都没有从系统的角度来精心设计，也不能满足儿童的多元化需求，无法吸引儿童较长时间地做游戏。贝瑞（Berry）曾调查了澳大利亚的4个儿童保育中心和3所幼儿园，她发现，如果没有使用小道具和可移动的设备，或者没有与幼儿教师互动，幼儿在每种固定的游戏设施上停留的时间不超过4分钟。

2. 冒险游戏场地

1943年，第一个有计划的冒险游戏场在丹麦首都哥本哈根的印多建立。它由建筑师索伦森（C. T. Sorensen）设计，是一个"废物"游戏场（junk playground）。场地中有废旧的木材、条板、砖块、箱包、绳索、缆绳轴、轮胎等，还有一间存放各种工具的小储藏室。

为了应对在德国占领期间儿童不良行为增长的情况，官方委托索伦森建造一个供儿童玩耍的地方。于是，他去看自己以前设计的游戏场地，发现里面空荡荡的，幼儿却在被炸毁的建筑中玩耍。这激发了他的设计灵感，创建了这个儿童可以按自己的方式自由、开心地玩耍的地方。在这里，幼儿有参加创造性、挑战性、风险性活动的机会。在这种场地上，一般有专职人员协助幼儿开展各种活动，如建造小屋子、垒城堡、砌墙、挖洞、挖水沟、玩泥巴、爬树、种植、打理花园、饲养小动物、生火取暖和做饭等。他们鼓励儿童根据自己的兴趣对游戏场地进行重新规划与建构。

3. 现代游戏场地

在美国，20世纪70年代兴起了"游戏场地运动"，现代游戏场地在此期间诞生。这一时期，游戏场地的设计受到建筑设计师、艺术家、教育家及游戏设备制造商的影响，一般由专业人员设计与建造。设计者们开始把游戏场地作为一种环境以及整体环境的一部分来考虑。他们试图把自然环境与人造环境相结合，以此来为儿童提供更好的游戏场所。他们喜欢运用沙土、水泥制品、鹅卵石和原木来做造型，如建造雕塑、土丘、隧道、斜坡等。这种游戏场地上也有传统的设备，但以综合性的游戏设施为主并集中摆设。现代游戏场地是开放式的，在给儿童提供多种活动与经验方面有较大的灵活性。但有些学者认为，此类游戏场地造价高，其设计依然没有儿童的参与，如秋千（swing）、滑梯（slide）、跷跷板（seesaw）、弹簧马（springhorse），被称为4S配置、安全围栏（fence）环绕、塑胶铺成的地毯（carpet），并未体现出适宜的设计技巧。

4. 创造性游戏场地

这种游戏场地大约产生于20世纪60年代以后。它是在游戏专家的指导下，由家长、教师和儿童一起规划、建造的，游戏区一般有娃娃家、沙水区、三轮车专用区等，设施一般由厂家生产的游戏设备和一些废旧材料混合而成，如电线杆、树皮及电缆线轴，储藏室放置了可搬动的游戏材料，如轮胎、木板、大型积木、呼啦圈、水桶等。在20世纪70年代至80年代初，许多游戏设备厂商为这种游戏场地专门设计了多种游戏设施。创造性游戏场地在很大程度上体现了传统的、现代的以及冒险式游戏场地的特征，它与现代游戏场地不易区分，两者主要的不同在于场地器材与建构者。除此以外，创造性游戏场地通常较小，但安全性较高。

创造性游戏场地漂亮、安全、造价低，也不需要全时制的游戏工作者，而且它能给儿童提供多种游戏选择。海沃德（Hayward）、罗滕伯格（Rosenberg）与比斯利（Beasley）采用行为绘图的方式发现，幼儿园的孩子经常光顾传统与现代游戏场地，学龄期儿童更喜欢冒险游戏场地。海宁格尔（Heidegger）、斯特里克兰（Strickland）和弗罗斯特（Frost）研究发现，4～6岁幼儿更喜欢可移动的设备和复杂的、能提供多种游戏选择的设备。由于创造性游戏场地集前三类游戏场地的优点于一身，因此它能满足不同年龄儿童的需求。

第二节 幼儿户外游戏场地中的安全问题

本节试图针对幼儿的生理与认知发展特点，从预防幼儿伤害事件发生的层面来论述正式游戏场地创设中应注意的安全隐患与应采取的安全措施。

一、与幼儿自身的阶段性特点相关的安全隐患

（一）幼儿的身体尺寸特征

第一，幼儿头部比例较大，造成身体重心高，这就增加了跌倒的可能性，例如，可能从坐、攀爬或站立在游戏场地中的物体（如固定在地面上的弹簧骑具）上掉下来，下落时，通常头部先着地，而不会使用手臂支撑地面（这是4岁以下的儿童头部与面部常受伤，而5~14岁的儿童手与胳膊常受伤的原因之一）；弯腰或够东西时，会有掉入水池、坑、崖下的危险。

第二，相对大的头部尺寸意味着需要更大的穿越空间。如果腿脚先穿过缝隙，但头部不能穿过时，就可能发生卡夹事故。

第三，相对大的头部质量增加了颈椎过度屈伸损伤的可能性与严重程度。

第四，纤细的手指容易插入小孔与缝隙内，从而给幼儿带来危险。

（二）运动神经发育特点

运动神经发育是指从雏形运动到优良运动的过程，包括从初始无意识反射动作到有意识目标定向动作的变化。在平衡、控制和力量充分发育之间，幼儿一直处于跌落和进入不安全位置而无法逃脱的风险之中，如幼儿由于失去平衡或握力不足，从高处掉下来；使用重物击打小目标物时会打偏，如果用力过猛，就会伤到自己的手或其他人；在参加具有竞争性、攻击性行为的体育运动时，无法控制施加给对方身上的力量及受力位置而让他人受伤；在蹦床上摔倒时，他人继续蹦跳时无法站起；当从坡上高速跑下来时，幼儿可能无法控制速

度，撞上设备或被设备绊倒而受伤，因此坡脚下不要安置游戏设备。

（三）认知发育特点

认知发育决定了幼儿判断风险和做出正确决定的能力。幼儿的好奇心与独立意识强烈，加之判断自己所处环境的能力不足，摆脱危险的能力差，常会置幼儿于危险的境地。如：将小东西放入身体的孔洞中（口、鼻、耳朵），出现吞咽、呼吸、嵌塞与撕裂的风险；当头部被卡住时，幼儿不知如何定位头部和从缝隙中退出；看别人抽陀螺时，走得太近被鞭子伤到；进入屋内把门反锁后无法开锁；等等。

幼儿喜欢模仿成年人和大一点儿童的行为。当他们不了解这些行为的内在含义时，可能就会陷入危险之中。如：开启并不恰当地使用家用电器（如微波炉、蒸汽熨斗）；给更年幼的孩子喂药；玩射击弹丸的玩具（如枪、弹弓），对着别人的身体（特别是眼睛）射击；等等。

幼儿还会受到同龄人的评价压力，无法控制冲动，做出自己没有把握的、可能带来严重伤害的炫耀技巧的行为，如从快速运动中的秋千上跳下、仅用腿钩住单杠倒挂、从陡坡骑车而下、用手捏住鞭炮点燃后扔出、一起踩在高树枝上用力摇晃等。

二、物理环境中的危险源

（一）机械危险

1. 缝隙和开口引发的危险

对西班牙各地的168处游戏场地进行调查后发现，身体、衣物被卡与跌落防护较差是场地中最主要的危险。可接近的缝隙与开口可能导致幼儿的整个身体或身体部分被卡夹以及衣服被缠挂，这可能导致擦伤、被勒（由绳索、带圈构成的开口）、切割、碾压的危险。例如，当幼儿衣服上松散的绳带落入刚好可以容纳其的缝隙，且绳带末端的栓扣被卡住时，幼儿的运动会突然停止，幼儿被置于上下、进出两难的境地，如果栓扣位于衣领处，幼儿可能被勒死。可用绳带、链条或其他模具来测试危险。有些秋千的悬挂材料是金属链，当幼儿手指进入空隙中时可能被夹住，这时可使用软的塑料管包裹铁链来避免危险。游戏设备上的开口宽度要么小到幼儿头部不能进入，要么大到幼儿头部能安全通过。

2. 转角、边缘、突出物和尖物（包括抛掷尖物）引起的危险

接触转角、锐边和尖物可能造成划伤、刺伤，抛掷尖物的撞击能量会集中在相对小的面积上，产生巨大的压强，可能弄破皮肤甚至扎入体内（如果伤及眼球，可能导致失明）。要确保游戏场地没有碎玻璃、斧子、钉子之类的东西，或者幼儿必须在成人的监督下使用这些物品。组合式器材的螺丝钉或交叉点最好是采用嵌入式的，以免幼儿被突出的螺丝钉钩住或撞击受伤。

3. 稳定性不足引起的危险

稳定性不足的器械或物品可能翻倒，从而伤害在其内部、上面或附近的幼儿，如秋千架、滑索、单杠、双杠、攀爬架等设备，要定期检查、维护，保证埋于地下的部分没有腐烂、锈蚀。应保证重物或家具稳当，以幼儿的力量无法扳倒或爬到顶端也不会倾倒（如爬竿）。

4. 结构不完整引起的危险

要保证器械无变形、无缺损，比如，秋千的S形钩子没有闭合，会导致秋千链或绳滑出，如果幼儿正在荡秋千，便会导致其跌落；塑料滑梯滑道的扶手破裂会划伤幼儿的手臂。如果残缺或损坏的设备得不到及时维护，需要设置警示牌或用隔离带围起来，禁止使用。

5. 高处引起的危险

从高处掉下可能导致幼儿（脑部与其他内部器官）内伤和骨折，尤其是手臂和腿骨折，伤害类型和程度取决于幼儿跌落的高度、幼儿的重量、幼儿着地时的身体姿态、幼儿在跌落过程中遭遇的危险以及幼儿着地表面的特征（有无吸收冲撞能量的铺垫、铺垫材料的吸冲撞性能、铺垫区的位置及面积大小）。5～9岁的儿童发生从游戏器械上跌落的事故率最高。美国消费品安全委员会指出，幼儿约80%的身体伤害（95%的重伤）都是与跌落有关的。幼儿在游戏场地中使用超越其能力的设备时可能会跌落，可采取的措施有：设置屏障防止幼儿攀爬；在器械的平台周围安置护栏（当平台高于50厘米、76厘米时，需要分别为2～5岁、5～12岁的儿童安装护栏），降低可能跌落的高度（应在180厘米左右，弹簧骑具的座位面离地一般不得超过100厘米）；在器械四周一定范围内铺垫一定厚度的、能吸收跌落能量的材料，如木屑、树皮、工程木纤维、细沙、橡胶材料，而不能用草、沥青、硬邦邦的土，可有助于幼儿"软着陆"；两个相邻的游戏设施，其游戏平面的坠落高度均不大于76厘米时，其间距至少为180

厘米；两个相邻的游戏设施，任一设备游戏平面的坠落高度大于76厘米时，其间距至少为270厘米；等等。

6. 运动或旋转物引起的危险

与运动物件（如秋千、滑索、跷跷板）碰撞，使用运动产品（滑板、三轮车）时摔倒可能导致撞伤、压伤、骨折、内伤。伤害程度与此物件的质量和幼儿的运动速度有关。美国疾病防控中心的一项研究显示，因在游戏场所导致脑外伤而被送往医院急诊室接受治疗的患者中，5~9岁的儿童占一半以上，其中58.6%的患者是男孩。在所有就诊儿童中，只有2.6%的儿童需入院治疗或转为进一步照料。1/3的脑外伤发生在学校，致伤的设备主要是攀爬架（monkey bars）与攀玩架（jungle gym）（占28.3%），其次是秋千（占28.1%）、滑梯与跷跷板。

预防措施有：跷跷板的着地点用轮胎支撑，以减少与地面的冲击力及避免压到幼儿的脚；滑梯、秋千四周设置跌落区；秋千的座位（与地面保持30厘米以上的距离，保证幼儿的腿不被卡在地面与座位间）尽量由柔软、轻质材料制成，如橡胶、帆布；秋千、旋转木马应设置于角落（必要时设置屏障），远离场地内的交通干道，不得与其他游戏设备的使用区域重叠；滑梯滑道的倾斜角度不要超过40度，水平终端长度不低于40厘米，离地约30厘米；骑车、玩轮滑时正确佩戴防护功能充分的护具；用幼儿无法逾越的栅栏围住游戏场地，防止幼儿跑到马路上出意外。

与旋转物件（如风扇叶片、电锯、旋转平台）接触可能导致划伤、创伤性断肢和其他严重伤害，还可能导致头发、衣服或佩戴物缠绕或吸入，造成窒息或撕掉头皮。如幼儿的手脚被卷进旋转木马中；自行车轮辐条没有采取充分的防护措施，会让幼儿的脚卷入而受伤。

7. 涉水的危险

淹没在水中可能造成溺亡。如果幼儿不会游泳，身体没入水中后，即使短时间缺氧，也可能导致脑部损伤；即使是浅水淹没幼儿的面部，也可能致命。预防措施有：在水域周围设置屏障，减少幼儿进入的机会；不让幼儿单独留在水域；戏水池水深一般不应超过30厘米；幼儿戏水时穿戴合适的浮力设备。

游戏场地应有良好的排水系统，确保幼儿涉水后能尽快保持干燥，不会产生积水，减少幼儿滑倒而产生的伤害。

（二）热危险

1. 冷热表面引起的危险

有些游戏场地的器械是用金属做的，如秋千、滑梯、攀爬架，如果长时间暴露在日光中或严寒中，表面可能变得很烫或很冰（当幼儿用舌头舔极冷的金属物件时，舌头会与之粘连，如果用力强行分开，舌头会损伤）。还有一些有生热功能的器具，如热炉子及炉上的热灶具，幼儿可能出于好奇或帮忙做事而接触到。幼儿识别相关伤害的能力有限，很可能在触摸时造成烫伤。预防措施有：设置屏障，不让幼儿接触热源；对于生热器具，装配自动切断或定时切断发热源的装置；对暴露于户外的产品，使用吸热或吸冷性能低的材料；通过降低或提高表面温度来减少幼儿烫伤或冻伤；调整设备的位置（如把金属滑梯的滑道置于北面，减少阳光直晒的时间），或增加遮阳、防冻设备。

2. 燃烧的危险

可燃性材料在高温、火花、明火中可被点燃或自燃。有些幼儿喜欢模仿成人或受火苗吸引而玩火柴和打火机。如果幼儿靠近或接触到燃烧的物品，就会被烧伤。如果点燃屋棚，无法逃出，幼儿有时会藏起来，以保护自身不受火焰的伤害，但营救人员会很难找到他们。预防措施有：所有易燃、易爆、贴有"儿童远离"标签的物品都应藏起来；防止幼儿投掷物品到火源中；如果需要让幼儿接触点火工具或可燃材料，必须在成人不间断的监护之下进行。

3. 热液体引起的危险

不满5岁的儿童发生烫伤、中毒、溺水的事故率最高。

第一，常态时为液体的物质加热后引起的危险。在做饭与用餐时，幼儿特别容易烫伤，如幼儿抢夺盛有热水的杯具或幼儿拉扯桌布，导致杯具倾倒或滑落。预防措施有：可使用防溅水杯，限制可用的热液体量，将热水加热器的温度预先设置在安全水平；用恒温冷热水混合水龙头，洗手的热水温度要低于50℃。

第二，固体材料熔化产生的液体引起的危险。某些固体产品（如塑料）被加热时会软化，有些会液化。当幼儿的皮肤与软化的固体或热液接触时，由于大面积与长时间的热作用，幼儿会严重受伤。例如，熔化的蜡烛油可能烫伤幼儿或迫使幼儿丢弃蜡烛而引燃他物。合成纤维布料制成的衣服与帐篷燃烧时，也会产生热熔液。绝大多数幼儿无法预知此类伤害。预防措施有：要密封可熔化与软化的材料，或用其他安全材料替代。

（三）辐射危险

辐射主要包括放射性辐射、紫外线辐射、高强度光或集束光（如闪光灯、激光笔发出的光）。由于儿童游戏场地一般只存在紫外线辐射的危险，因此要在紫外线指数高的季节与时段，在幼儿喜欢的、经常花较长时间游戏的区域（沙池、大型组合式游戏设施），采取恰当的防护措施（这也能让幼儿较为舒适地玩耍）：铺设紫外线辐射反射率低的地面；设置临时或固定的遮阳棚、帆、伞；也可以在被防护区域的南面或西南边搭配种植不同特性的树种（如高矮搭配、落叶与常青搭配、大树冠与小树冠搭配）；使用防护服、防晒油、太阳镜；在紫外线辐射较高而又没有遮阳条件的情况下，尽量不让幼儿进入此游戏区。

（四）用电危险

电会导致幼儿受伤或死亡。电的危险非常隐蔽，幼儿常常看不见和不了解其危险。为了避免或减少用电引起的危险，预防措施有：抬高带电孔的位置，使幼儿无法触及；用绝缘保护罩遮蔽插线板和墙上的插线孔，使儿童无法接触到线芯；增设快速断电装置。

（五）微生物危险

微生物（如病毒和细菌）对没有足够抵抗力的幼儿通常不会产生急性、可见的损伤，但它会让幼儿患上各种疾病。游戏场地上提供的器械、玩具、其他材料应方便清洁（如用热水清洗），以避免霉菌、军团菌的繁殖。

（六）不充分的保护功能

使用某些产品（如安全帽、太阳镜、救生衣、防水衣、防火服、护膝、屏障）旨在减少伤亡或者降低伤害的严重程度。如果这些产品出现质量问题，就不能发挥其保护幼儿的功能，甚至会因依赖此产品而不能采取其他防护措施（如不让幼儿进入危险区域，加强监督），导致幼儿遭受严重伤害或死亡。预防措施有：禁止幼儿使用假冒（玩具）防护装置；及时告知使用者潜在的危险信息。

（七）不充分的信息

对于无法通过设计消除或通过防护装置充分控制的设备，应该在明显位置用幼儿容易理解的方式（如用形象的图，而不是只有文字），为幼儿提供清晰、准确的危险信息提示，给出信息的载体不应给幼儿带来其他危险（如因吞下脱落的标签而发生梗死、窒息事故）；也应给出产品不适用某个年龄段儿童的信息。

此外，因为药物、化学品和植物使幼儿中毒的剂量比大龄儿童与成年人低，所以幼儿容易中毒。预防措施有：把药物、消毒液、清洁材料、杀虫剂、喷雾剂、标有禁止儿童接触的物品密封、藏起来；杜绝在幼儿园铺设劣质、有毒的塑胶地面。

游戏场地要委派专门人员督导，针对以上危险购买符合安全标准的设备，正确安装、定期检查，定期维护游戏场地、设施。检查与维护的频率取决于设备服役时长、使用频度、当地气候等，建议每日在使用设备前做非正式的检查，每月做正式的、有记录的检查，每季度做更全面的、细致的检修。

多数幼儿园教师认为，幼儿在户外游戏时需要监管。他们关注的焦点好像是儿童的安全，而不是儿童多方面的成长与发展。幼儿园教师不能像成熟论那样，低估了成人为幼儿创造舒适、安全环境，鼓励新的身体动作、技能，培养幼儿参与户外身体活动游戏的意向中的作用。实际上，成人可以通过富有想象力、多样的游戏和活动帮助儿童培养这种意向。

第三节　幼儿户外游戏场地创设的原则

　　幼儿自主游戏的水平与质量易受到游戏场地的多样性的影响。建筑师塞缪尔·尼克森（Samuel Johnson）曾说："在任何一个环境中，发明性与创造性的程度，以及探索的可能性直接取决于其中变量的多少与种类。"费尔托夫兹（Feltofz）也发现，户外环境的复杂性与多样性同游戏机会和活动的增加高度相关。

一、多样的地形地貌

　　汉夫特（Hanft）提出，人们应该更多地关注环境的功能，而非外在形态。视觉的与结构的变化引发幼儿用不同的方式进行运动，例如，平整、硬化的表面可以骑自行车、跑步、玩轮滑、玩手推车，可以在平顶的石头间跳跃，可以踮着脚尖在砖块上走。

　　挪威莫德皇后大学的教授希珊泽特认为，坡地不仅为幼儿提供滑滑梯或滑雪橇的机会，它也能提高幼儿在不平的地上行走的能力，而且缓坡地有助于排水（但陡坡地则可能因雨水的冲刷而导致坡面的滑动）。幼儿在爬坡时，站在不同高度，会产生多样的视觉感受。

　　各种质地的材料铺就的小道可以为幼儿提供丰富的视觉、手脚的触觉刺激。

　　灌木、矮树丛、草坪、茂密的长草丛可以遮阳、爬、滚、玩隐藏和寻找的游戏。它们会随着季节的变化而变化，让幼儿感受植物生长的自然规律。

二、多样的材料与设备

　　金斯曼（Kinsman）与伯克（Burke）的研究显示，游戏空间能够反映出所处文化中的态度与价值观。如果游戏空间中幼儿能从事的活动很少，幼儿的选择常常受到阻碍，那么可以看出，也许文化并不看重个体的自主性发展。只有在多样游戏材料与学习材料的环境中，所有的儿童才可能根据自己的个人兴趣、能力和舒适度来选择材料，开展自己喜欢的游戏。幼儿园的孩子喜欢参加大肌肉运动游戏、建构游戏和假扮游戏，这些游戏与学习往往需要丰富的游戏材料和设施。

（一）发展动作技能的材料与设备（见表2-1）

表2-1　发展动作技能的材料与设备

身体运动	专门的材料与设备
爬（进出、上下、水平）	爬竿、爬网、隧道、攀岩墙、攀爬架
跳（高、远、下、越障）	阶地、梅花桩、绳子、蹦床、跳板
旋转	旋转木马、旋转平台、单点悬挂式秋千
翻滚	体操垫、草坡
扭动	呼啦圈
摇荡	秋千、弹簧马
抛接（投准、投远、接）	沙包、小球、飞盘
引体向上	单杠、横梯
悬吊	平直爬架、单杠、吊环
平衡	平衡木、绳桥、滚筒、平衡板、窄路沿
快速移动	秋千、滑梯、滑索、滑板、三轮车、环形跑道
踢打	球、沙袋
推滚	旧轮胎、铁环、电缆线轴
挖掘	沙池、铲、桶
搬运	手推车
拆装	空心大型积木、木板
雕塑	泥巴、竹片、木槌、橡皮泥、面团
绘画	刷子、铅笔、粉笔、颜料、纸、玻璃板

（二）刺激多种感官的材料与设备

通过感官刺激进行学习是幼儿学习的主要途径之一，幼儿园的游戏场地应在感官上提供视、听、嗅、味、触觉方面的多样刺激（见表2-2）。

表2-2　刺激多种感官的材料与设备

感官刺激	专门的材料与设备
触觉刺激	感觉墙、感觉路
听觉刺激	鼓、音乐墙、风铃、PVC管
视觉刺激	万花筒、平面镜、曲面镜、风车、地面图案
嗅觉刺激	有香味的花草树木

（三）功能未定的材料

功能未定的材料包括不同质地、颜色、形状、大小与来源的材料。研究发现，与传统的玩具和游戏设施相比，儿童更喜欢玩松散材料。因为他们可以运用自己的想象力动手创造，在游戏中体验自主感。

松散材料既可以是人造物品，也可以是自然材料。人造物品包括：容器类——盒子、小罐、纸箱子、水桶、篮子、漏斗、瓶子、锅碗瓢盆；织物类——丝带、绳线、布料、毡垫、网、衣物；玩具类——积木、玩具车、戏剧游戏道具、球；建材类——边角木料、管子、砖块、塑料、海绵、轮胎、有色塑料片、螺钉等。自然材料包括：树皮、沙、种子、泥、石头、藤蔓、叶子、树桩、树枝、草包等，这些东西会随着时间而发生无尽的变化，都是孩子玩耍时最好的材料。自然物品很容易获得，在自家院子里、幼儿园、公园等地方随处可见，不用花任何费用。自然物品可随时更换，获取和处理它们对自然环境几乎没有破坏，当收集到自然物品后，把它们储存到鞋盒、饼干罐、纸箱之类的容器里。与幼儿协商如何使用这些物品，制定清晰的规则，提醒幼儿有些物品可能会导致什么伤害。比如，小棍是用来搭建的，不能在打闹时玩，如果出现伤害情况，应及时把棍子拿走。等到需要它们时，再拿回来。这些材料，特别是自然物品，能促进儿童感知觉的发展，建立学习意向。它们的质地、纹理、大小、形状、颜色和味道各不相同，为儿童提供感觉意识与协调的刺激，促使他们去探索、研究。它们为游戏的拓展提供了灵活性、新颖性、适应性，幼儿可以通过改造松散材料来实现自己的意志，满足自身的需求。这些物品非常受幼儿的欢迎，伊恩（Ian）在美国得克萨斯奥斯汀的一处新建游戏场地上观察了12名幼儿（男女各半）的自主游戏行为，她发现，与永久固定的设备相比，幼儿更喜欢桶、铲、轮胎之类的松散物件。

三、能提供多样的游戏机会

穆尔（Moore）等参考了斯克尼克劳斯（Skernicklaus）、弗罗斯特和克莱因等的观点后提出，一个设计与管理良好的游戏环境应为幼儿提供以下机会：发展运动技能、角色游戏、社会性发展、做决定、学习、好玩。幼儿园游戏场地的设计应考虑为5岁以下的幼儿提供个体性的游戏器具（秋千、三轮车），可独处或躲藏的小空间（大水泥管、隧道、小窝棚、空纸箱），可旁观的平台、座椅；为5岁以上的幼儿提供团体性游戏所需要的器具（跷跷板、旋转平台），场地（沙水区、球场）和可与知心好友密谈的小空间（树屋、阁楼）。

在面对同一环境时，幼儿的行为有很强的灵活性。这就要求户外环境的设计者（包括幼儿教师）寻找最广泛的协调性，实现对多种行为的兼容，这不仅要求有适用的指向性，还需要适用的广泛性和灵活性。因此可以通过扩展每个器具的包容性来达到提供多样性与机会的目的，如扩展纵向行为量——可以容许更多的人（无论性别和年龄）使用同一场地或器物。"设计谁都能打开的门把手"，这是通用设计应考虑的原点。扩展横向行为量——同一场地或设备可以容纳多样的使用行为。户外环境中的双人座椅就不宜设中间的扶手，这样不仅能坐，还能让躺的行为发生。大型的综合性器械能为儿童提供多样的选择，从游戏器具的A处移动到B处，可以让不同身体能力的儿童有不同的选择，例如，爬行、钻洞、绕道、走高处绳索等。此外，也可以把一般在室内玩耍的物品（婴儿车、围巾、衣服、书籍、积木）或游戏引入户外，也许可以激发幼儿的兴趣与创造性。

四、游戏场地创设应遵循的其他原则

（一）生理适宜性

由于幼儿的身高、体重、体能、身体技能会随着年龄的增长而不断发展，因此器材的结构规格（长、宽、高、大小）以及材料的承载力、耐用度和复杂性等应迎合这些变化。如果一个相对不变的器物与幼儿的身体之间具有匹配性，那么比起与幼儿的身体没有可比性的东西，则更容易被幼儿选择与更具有舒适性、安全性。护栏高度不应小于1.2米，栏杆垂直条间隔一般不应超过10厘米；设施的扶手高度不应大于60厘米；台阶踏步高度不应大于15厘米，踏步宽

度不应小于25厘米；休息区椅子的高度一般为幼儿坐下时小腿与地面垂直，且大腿与地面平行；桌子的高度为幼儿手臂自然下垂，下臂平放于桌面时，幼儿既不耸肩，也不弯腰；等等。

（二）区域适宜性

设计者在划分和布局户外区域时应考虑以下问题：应创设哪些区域来满足幼儿需要？每个区域应提供给幼儿什么设施？这些设施怎样摆放？区域之间怎样连通、怎么分隔？比如，动态游戏区（如攀爬、摆荡）与静态游戏区（如园艺、自然研究）的划分；大团体游戏区、小团体游戏区、独处游戏区的划分；器具游戏区、沙游戏区、水游戏区、假扮游戏区、规则游戏区、木工游戏区的划分。木工区在中国幼儿园很少设置，但是在欧美幼儿园装备规范中比较常见。木工区被视为美工区和积木区"创造性建构活动"的延伸。在木工区，有木质平台、铁锤、锯、老虎钳、钉子等真正的工具，当然也少不了护目镜与手套等护具，在这里，幼儿可以敲钉子、锯木板，充分享受改造器物带来的满足感，同时也锻炼了手臂肌肉，发展了手眼协调能力。

（三）面积适宜性

在设计户外场地时，要注意大小适宜。场地过小，人数过多，会导致攻击性行为的发生。有研究表明，在一定面积的游戏场地中，随着儿童数量的增加，其攻击性行为发生的次数也相应增加。但这并不是说场地越大越好，因为场地过大会对教师照看与监管幼儿造成困难，同时幼儿也容易失去游戏的主要目标。有研究证实，在过大的、开放的环境中和众多的儿童一起活动，儿童会感觉无处安身，缺乏安全感，他们往往只会在一小片自己熟悉的地方活动，并认为那里是"自己的地盘"，这样，教师便不能根据班级儿童的发展情况来组织活动，无法发挥户外游戏应有的作用。

（四）天气适宜性

气候和天气的状况影响着儿童户外场地的使用方式与时间。是否适应气候环境是衡量场地形式存在合理与否的第一把标尺。例如，稍有凉意的天气会使长时间的户外活动变得难以忍受；另外，暑天里毫无遮挡的阳光会使地面和活动设备过热，导致无法使用；降雨会使排水不畅通的场地在数天后都难以使用；场地上的积雪或冰也会迫使人待在室内。

第四节 幼儿户外游戏场地的设计

一、创造性游戏类活动场地

与在室内开展的创造性游戏相比，在户外开展的创造性游戏因场地、环境的不同而具有以下几点优势。

第一，户外游戏空间相对宽敞，幼儿游戏时较少受到人数和场地的限制，更加开放、自由和宽松，能够同时开展多个游戏，各游戏之间相互干扰较少。

第二，户外自然的、低结构的材料随处可见，有利于幼儿灵活地选用材料，引发丰富多彩的游戏主题，激发其创造性思维与想象力的发展。

第三，在户外开展创造性游戏时，幼儿之间更容易产生互动，有利于幼儿之间的交往与合作，共同推进游戏情节的丰富和发展。

（一）角色游戏区

角色游戏是指幼儿根据自己的意愿创造性地反映现实社会生活的游戏，如娃娃家、小医院、小餐厅、小交警、加油站、小小解放军等。这些游戏的主题和内容来自幼儿的家庭生活与社会生活经验，并富有独特的色彩，是幼儿期的典型游戏。

1. 场地设置

在户外不需要标记清晰明确的娃娃家、小医院、小餐厅等角色游戏区，也不需要张贴相应的标牌，因为游戏主题和游戏内容是幼儿在活动中不断生成的，而不是教师通过环境的布置强加给幼儿的。在很多幼儿园，教师会下很大功夫专门布置小医院、小餐厅、美食一条街、农村大集等，张贴醒目的标牌，这种环境布置和材料的固化反而可能影响幼儿游戏主题与游戏内容的选择、生成和变化，时间长了，幼儿的游戏就会变得僵化而无趣。有顶的、较为封闭的空间如小房子、小亭子、长廊、帐篷等设置有助于幼儿生成娃娃家之类的角色游戏。

2. 玩具材料投放

户外角色游戏的生成灵活多变，教师可以参考表2-3中提供的玩具材料，根据实际情况，将玩具材料投放在户外玩具收纳箱（橱柜）中，以引发和支持幼儿开展角色游戏。

表2-3　角色游戏区玩具材料投放表

游戏主题	可引发和支持此类游戏的玩具材料
娃娃家	① 各种人物或动物玩偶、婴儿车。 ② 小桌子（或可当作桌子的石板、木板、树墩等），小椅子（或可当作椅子的石头、砖头、木头等）。 ③ 可打扮玩偶的服饰等。 ④ 可给玩偶做饭、吃饭的锅碗瓢盆（或可当作锅碗瓢盆的替代物），可当作食物的材料（如树叶、沙土、石子、花草等），可当作饮料的材料（如易拉罐、纸盒、奶瓶、各种杯子等）
小餐厅（水果店、面包店、西餐厅、大排档、烧烤店等）	① 围裙、厨师帽。 ② 桌子、桌布、小椅子。 ③ 厨具、餐具（如锅碗瓢盆）以及可替代的低结构材料。 ④ 蔬菜、水果等各种食物以及可替代的低结构材料。 ⑤ 可写菜谱的黑板或纸笔。 ⑥ 电话、钱币、收款机等
加油站、洗车店、小交警	① 三轮车、小货车、扭扭车等。 ② 塑料管子（可用作输油管子）。 ③ 打气工具、洗车工具。 ④ 交警服装、帽子。 ⑤ 行车路线、斑马线、交警指挥台
小医院	① 可当作病床的桌子、石板、木板等。 ② 医生和护士的帽子、衣服。 ③ 电话、代表电脑显示屏的盒子、键盘等。 ④ 医疗器械玩具，如听诊器、血压计、注射器等。 ⑤ 可当作绷带的白色布条。 ⑥ 可当作药盒的各种纸盒
宠物店	① 各种动物玩偶。 ② 可当作宠物笼子的盒子、筐子。 ③ 小动物的项圈和绳子。 ④ 可当作宠物食物的低结构材料。 ⑤ 可给宠物洗澡的澡盆、洗浴用品、美容用品

为帮助幼儿更好地实现游戏愿望，推动游戏的发展，角色游戏区的玩具材料投放应注意以下问题。

第一，投放一定的结构性玩具，如车、玩偶、听诊器等，有助于幼儿尽快确定游戏主题，唤醒幼儿的社会生活经验，创造丰富的游戏情节。

第二，投放一定的非结构性玩具，如石子、木片、瓦片、纸盒、树叶、小树枝、PVC管、小瓶子等，有助于幼儿在游戏中产生更多以物代物的假想性行为，不断丰富游戏内容，支持其象征性思维的发展。

第三，一般来讲，年龄小的幼儿由于其思维发展的具体形象性，更需要与现实生活中的物品相像的东西进行游戏，因此，小班可以多投放一些结构性玩具，中班、大班应该逐渐减少结构性玩具，增加更多非结构性玩具，让幼儿的游戏有更多自我发挥、自我创造的空间。

第四，在投放玩具材料时，一般要求丰富多元，但也不是越多越好。太多、太杂乱的玩具有可能阻碍幼儿的游戏发展，让幼儿的游戏停留在操作材料本身，而不是用玩具材料玩角色游戏，还可能阻碍幼儿之间的社会交往。

（二）表演游戏区

1. 场地设置

表演游戏区通常也被称作小舞台，那是否意味着创设表演游戏的环境就是搭建一个小舞台呢？当然不能那么教条，有的幼儿园会在户外为幼儿搭建一个较为逼真的小舞台；也有很多幼儿园利用户外的自然条件，在小树林里或教学楼的台阶上为幼儿创设表演的场地，表演游戏区的场地一般需要一块相对宽敞的地面，方便幼儿表演时的走动和相互合作。

2. 玩具材料投放

表演游戏是幼儿园的创造性游戏之一，教师要注意它与表演活动的区别。既然是游戏，就强调幼儿的自娱自乐。在表演过程中，由于幼儿不需要照搬故事，也不需要完全按照教师教的动作进行歌舞律动表演，让幼儿在表演中抒发情感、表达和展示自己、感受同伴游戏的乐趣更重要，因此，表演游戏区不一定要设置观众席。为了更好地引发和支持幼儿的表演游戏，玩具材料投放时应注意以下几点。

第一，提供演出的道具应尽可能简单，方便幼儿以物代物即可，不需要过于逼真和形象。这是因为表演游戏属于象征性游戏的范畴，强调幼儿在表演过程中的以人代人、以物代物，幼儿以假想的动作、声音和表情表达自己对音乐与故事的理解。过于逼真的道具可能妨碍幼儿的创造性想象，也可能分散幼儿的注意力。

第二，尽可能让幼儿参与准备表演游戏所需的服装和道具，准备的过程也是幼儿学习设计、动手制作的发展过程。

第三，表演游戏的服装和道具应该随幼儿表演剧目的变化而不断进行调整。

第四，应该在表演游戏区设置分类摆放表演服装和道具的器材小屋，方便幼儿取放和整理。器材小屋里还应设置一个百宝箱，投放各种废旧材料或自然材料，供幼儿在游戏时自由选择，进行假想的表演游戏或活动。

（三）建构游戏区

建构游戏是幼儿利用各种建构材料，通过想象和各种造型活动构造物体形象的活动。由于幼儿最喜欢建构周围的各种建筑物，因此建构游戏也叫建筑游戏。建构游戏可以促进幼儿感知、动作、想象力、审美等方面的发展，帮助幼儿获得空间概念和数量概念，发展幼儿的认知能力。建构游戏既有助于培养幼儿做事认真、细致、耐心、坚持等品质，又有助于幼儿发现自己的能力、增强自信心、发挥自己潜在的创造能力，还有助于幼儿健全人格的发展。

建构游戏既可以在室内开展，也可以在户外开展。户外建构游戏的优势主要表现在以下几点。

第一，户外空间一般比较宽敞，有助于幼儿进行较为宏大的建构主题，如居住的小区、动物园、长城、天坛公园等。

第二，户外的空间特点有助于幼儿相互之间的合作，中班、大班的幼儿会共同协商游戏主题，并一起完成游戏主题的建构。

第三，由于室内空间狭小，极易导致幼儿之间因作品倒塌、争抢玩具等引发的纠纷。户外空间比较宽敞，能够避免这些不必要的纠纷，让幼儿专注于建构游戏。

第四，在大多数幼儿园中，户外建构游戏使用的是中大型积木，这可以让幼儿体验建构游戏带来的挑战和成就感，从而增强自信心。

1. 场地设置

建构游戏需要平坦、宽敞的场地，幼儿既可以直接在相对硬化的地面上进行建构，也可以在铺有地垫、地毯的地面上进行建构。

2. 玩具材料投放

支持幼儿户外建构游戏的材料主要是木质积木，除此之外，教师还可以投放纸盒、纸杯、砖头、易拉罐、奶粉桶、PVC管等废旧物品材料。幼儿可以把废旧物品材料当作积木的辅助材料进行建构，也可以单独运用这些废旧材料进行建构游戏。

建构游戏材料是幼儿开展建构游戏的决定性因素，材料是否适宜会影响幼儿建构游戏的兴趣和建构游戏主题目标的实现，教师在选择和投放材料时应注意以下几点。

第一，积木是户外建构游戏最好的材料，不可或缺，不可替代。

第二，如果要满足一个班全体幼儿共同进行建构游戏的需要，那么建构材料的数量应该尽可能充足。

第三，纸盒、纸杯、易拉罐等材料并不是建构游戏的必需材料，可以有，也可以没有。

第四，有必要准备分层、分类摆放积木的架子，还需要准备带轮子的小车、小筐等，方便幼儿搬运积木。

（四）沙水泥巴游戏区

1. 场地设置

玩沙区是幼儿园必须有的户外游戏区域，可以与玩水区分开设置，也可以合起来设置，因为沙水合起来才好玩。户外空间较大的幼儿园应该尽可能扩大沙水区域的面积，最好能容纳一个班的幼儿共同游戏。在户外空间较小的幼儿园，沙水区的面积应该能够容纳一个班级1/2的幼儿玩耍，这样有助于教师开展分组活动时的组织管理；在沙水区，冬天应该有日照，夏天应该注意遮阳。

为避免沙子外泄，通常沙池、水池的边缘都会略高于地面，或者沙水池凹于地面，沙水池的造型可以设计得更灵动、更有美感，但要以实用为主。

在设计沙水池时，可以与攀爬、平衡等运动器械相结合，一方面节省了空间；另一方面沙子又起到了软保护的作用。

户外空间严重不足的幼儿园可以设置可移动沙箱，以满足幼儿玩沙的需要。有条件的幼儿园应该为幼儿创设一个玩泥巴的独立空间，这个空间里既要有泥和水，让幼儿有机会把泥和水进行混合，又要有一个水泥或瓷砖的平台，方便幼儿用泥巴进行创意手工活动。

有条件的幼儿园还可以为幼儿创设一个专门玩水的水池、水渠、泳池等。

2. 玩具材料投放

幼儿之所以喜欢沙水泥巴游戏，是因为沙、水、泥巴的触感特别，富有变化，充满了创意。为支持幼儿更有创意地游戏，促进幼儿在游戏中的发展，教师可参考表2-4提供相应的玩具材料。

表2-4　沙水泥巴游戏区玩具材料投放表

游戏区域	可引发和支持此类游戏的玩具材料
玩沙区	① 质地松软、易于塑形的细沙。 ② 小水桶、铲子、竹筒等玩沙工具。 ③ 粗眼筛子、细眼筛子。 ④ 可以做各种造型的模具（如蛋糕、花朵等造型）。 ⑤ 各种杯子、碗、锅等造型的材料。 ⑥ 周围有可利用的小树棍、树叶、野草等自然材料。 ⑦ 各种管子、木板等材料。 ⑧ 儿童雨鞋
玩水区	① 戏水池、水渠、游泳池等蓄满干净的水。 ② 小水桶、水杯等玩水工具。 ③ 水枪等可吸水、喷水的玩具。 ④ 可在水中漂浮的球、小鱼等塑料玩具。 ⑤ 各种管子。 ⑥ 可用于在水渠上搭桥的木板、梯子等材料
玩泥巴区	① 易寻找、可塑性强的泥巴。 ② 方便的水源。 ③ 各种泥工工具、模具。 ④ 可用来装饰泥巴作品的树叶、树枝等自然材料或废旧材料

在沙水泥巴区投放玩具材料时，应注意不要一股脑儿地都堆在沙水泥巴池里，应该分门别类地存放在沙水泥巴池旁的玩具小屋里，方便幼儿按照自己的需要自由取放。

（五）涂鸦专域

作为一种当代的街头艺术创作，涂鸦起源于20世纪60年代的意大利。涂鸦的意大利文之意是乱写，是指在墙壁上乱涂乱写出的图像或画作。百度百科对涂鸦的解释是："在公共、私有设施或墙壁上的人为和有意图的标记。涂鸦可以是图画，也可以是文字。"

从东西方对涂鸦含义的解释可以了解到两点：第一，涂鸦原本就体现了儿童的天性，是儿童自我表达和探索的过程；第二，涂鸦不仅是随意涂画，还应该是一种艺术创作的方式。3～6岁的幼儿正处于绘画发展的关键期——涂鸦期与象征期，涂鸦游戏能满足幼儿的心理需要，带给幼儿游戏的乐趣，让幼儿在恣意的涂涂画画中释放自己，并发展动作和象征能力。涂鸦活动既属于艺术创作活动，又具有游戏的特点。

1. 场地设置

为避免幼儿的涂鸦活动被干扰，幼儿园的涂鸦区一般可设置在户外相对安静的地方，幼儿可以在桌面上、地面上、墙面上、树干上、石头上等任意地方涂鸦。涂鸦的空间和工具、材料本身的创意也是涂鸦游戏富有吸引力的组成部分。涂鸦区应该由操作台、展示台（展示墙、展示架）、工具材料台、水池几部分组成。

2. 玩具材料投放

玩具材料是幼儿进行涂鸦游戏的物质基础，对材料的选择与使用也反映了幼儿的发展特点和兴趣。幼儿园应该重视涂鸦游戏材料的研究，充分利用各种美术活动材料，追寻幼儿的兴趣，充分挖掘当地资源，为幼儿的涂鸦游戏提供充足的多元材料，并通过材料的创造性选择和使用，推动幼儿的创造性表达。

二、运动类活动场地

（一）场地设置

现阶段，幼儿园户外环境创设的一般趋势就是从单一的"运动场"向多样的"游戏场"转变，再加上现阶段很多幼儿园户外面积有限，导致幼儿园户外场地一般都兼具多种功能。面积小的幼儿园尤其需要统筹兼顾、综合设计和利用户外场地，在一块场地上实现自主游戏、体育锻炼、体育课、早操、科学探索等多项活动的目标。户外面积较大的幼儿园可以考虑专为不同年龄段的幼儿创设户外活动场地，也可以创设不同功能的游戏场和运动场。

1. 集体运动场

集体运动场一般设置在幼儿园户外的中心，尽量不要安装大型玩具设施，以免遮挡教师的视线，影响教师的观察指导和安全防护。

集体运动场要保证夏季有绿荫，面积较大的幼儿园可以在场地中间（面积较小的幼儿园可以在场地边缘）栽种高大的乔木。集体运动场还需要保证光照充足，避免一直被周围的建筑物遮挡阳光。

2. 攀爬、平衡、投掷、旋转等固定器械游戏区

幼儿园还应该根据《指南》中健康领域的目标和幼儿的动作发展特点、心理需要，在户外创设能促进幼儿大动作发展的攀爬区、平衡区、投掷区、旋转区等场地，以及固定滑梯、攀爬架、钻爬网、软梯、爬绳、肋木、平衡木、秋千、荡船、转椅、吊床、投球架等运动器械。

为节省空间，投放的器械玩具可进行组合设计，攀爬器械可以与墙壁、树木、长廊等相结合。《托儿所、幼儿园建筑设计规范》要求户外场地的"地面应平整、防滑、无障碍、无尖锐突出物，并宜采用软质地坪"，"游戏器具下面及周围应设软质铺装"。

3. 生态野趣区

如果幼儿园户外面积较大，那么应尽可能为幼儿规划一块贴近自然、生态环保、充满野趣的运动和游戏区域。这样的生态野趣区一般会有小山坡、山洞、小溪流、池塘、小桥、沟壑等，并且栽种大量树木，有较大面积的草坪。由于生态野趣区没有太多固化的游乐设施，因此充满了各种未知的变化，也更富有创造性和吸引力。

4. 运动器械和玩具存放区

幼儿园户外有大量可移动的运动器械和玩具，为避免天天搬进搬出的麻烦，应该在每个区域相临近的位置设置美观又简单的器械房（玩具屋）。在器械房内，应根据本区域器械、玩具的大小和形状设置相应的玩具分层架，高度应方便幼儿自主取放。

（二）运动器械和玩具投放

幼儿园户外运动类器械和玩具种类繁多，有购买的成品器械和玩具，也有教师、家长和幼儿一起制作的简易玩具，无论哪种类型，都应当坚固耐用，符合国家相关的安全质量标准和环保要求以及幼儿的发展特点，具有变化性和趣味性。教师在选择与投放运动器械和玩具时可参考表2-5。

表2-5　户外中小型可移动运动器械和玩具投放表

运动类别	可引发与支持幼儿运动的器械和玩具
攀爬	单梯、人字梯、小型攀爬架、周边有孔的大木箱、大拼插滚筒（可以拼装成拱形门，摆放在场地上，幼儿可以像翻小山一样，从侧面攀爬）
钻爬	钻圈、拱形门、梯子、阳光隧道、体操垫、废旧凉席、废旧桌椅等
平衡	常规的平衡木、S形及波浪形平衡木、晃动平衡木、单/双人平衡台、平衡凳、绳索、各种高跷、独角椅、四轮滑板、拼插步道、荡桥、塑料的过河石、小型蹦蹦床、木桩、轮胎、独轮和两轮自行车、大油桶等
旋转	滚筒、感统器械中的大陀螺和手摇旋转盘（可供1~2个孩子坐在里面旋转晃动）、小型单绳秋千、吊缆竖抱筒（感统器械）等
操控	扭扭车、三轮车、滑板车、踩踏车、单/双人协力车、轮胎、铁环、陀螺等
投掷	沙包、降落伞、纸飞机、报纸球、飞镖、套圈、手榴弹、吸盘球、流星球（自制的且带穗子）、水弹（装满水的气球）等
球类	小皮球、足球、篮球、棍球、门球、大笼球、羊角球、沙滩排球（相对柔软，适合幼儿玩）等
综合类	呼啦圈、跳绳、轮胎、废旧桌椅、各种规格的自制木凳（可以接起来走平衡，可以放倒练跨跳，可以不同高矮排起来变成小山练习攀爬……），以及不同长度和宽度的木板、梯子等

三、科学探究类活动场地

对于幼儿来讲，科学并不是高深莫测的、不着边际的知识体系，而是幼儿身边触手可及的一切。有人说，孩子个个都是天生的科学家，只要环境适宜，他们就不会停止探索的脚步。户外活动中的幼儿会沉醉于游戏和体育活动，同样也会沉醉于科学探究活动。

设计良好的户外环境可以让幼儿有机会亲近自然，感知大自然的奇妙变化，激发其好奇心和探究欲望，支持幼儿在接触自然和生活中的事物、现象的同时，积累有益的直接经验和感性的认识。

幼儿在户外的科学探究活动与游戏、体育运动并非截然分开，而是经常相融共存的。幼儿的游戏中蕴含着科学探究，幼儿的运动中也同样蕴含着无限科学探究的要素。从环境创设的角度出发，为幼儿的科学探究创设的环境主要包括种植园地、饲养园地和木工坊等场所。

（一）种植园地

1. 场地设置

种植园地应该设置在阳光充足、取水方便的地方。如果幼儿园户外面积较大，应该为每个班级设置一块种植园地并做上班级标识，便于幼儿自主选择种植内容，自主进行田间管理。如果幼儿园户外面积较小，可以利用边边角角的空间进行种植活动，哪怕在边角位置种上3棵玉米、2株向日葵，对于幼儿来讲，都是难得的体验。如果幼儿园户外面积太小，也可以利用种植箱、盆盆罐罐等进行种植活动。

供幼儿种植的土地需要先进行整地、作畦、施肥等准备活动。整地就是松土的过程，一般整地和施肥同时进行。作畦就是把土地整成一小块一小块的，方便田间管理，幼儿园的田畦要适合3～6岁的幼儿，而非成人。一般来讲，田畦的宽度为幼儿两臂长，畦坡要方便幼儿来回走动和转身，宽度以能容纳两个幼儿交错走过为宜。

2. 工具材料投放

无论是播种、移植还是田间管理，都需要为幼儿准备适宜的工具和材料，可参考表2-6。

表2-6　种植活动工具材料投放表

种植内容的选择	种子、植株和种植工具	观察和记录的工具
① 易于生长、易于管理，对土地肥料要求不高。 ② 生长周期相对较长。 ③ 身边常见的农作物、蔬菜、花卉、树木等	① 颗粒大、健壮、饱满、无虫害的种子。 ② 健壮的植株（有些植物不是直接播种，而是移植）。 ③ 适合幼儿身高的小型劳动工具，如小铲子、小锄头、小喷壶、小筐等	放大镜、记录纸或本、笔等

（二）饲养园地

1. 场地设置

幼儿园饲养区的面积可大可小，这与要饲养的动物的数量、体积和特性有关。饲养场地可以设置成简易的棚子，也可以设置成小动物房，最好采用木质、铁质材料进行镂空设计，这样既可以保证通风，又便于幼儿观察。为保证幼儿及动物的安全，镂空尺寸不宜过大。

设计小动物笼或小动物房时还应考虑卫生清理的便捷，可采用双层抽拉式的底部设计。幼儿园还可以利用水缸、石槽、水池等来饲养水生动物，如小鱼、蝌蚪、乌龟等。

2. 工具材料投放

幼儿园里饲养的动物都应该让幼儿有近距离接触、观察的机会，并且让幼儿参与喂食、清理等饲养过程。

（三）木工坊

木工活动既可以在室内进行，也可以在户外进行。在户外可以较好地解决空间不足和噪声的问题，当前，很多幼儿园在户外创设了木工坊活动区域。木工活动既有助于发展幼儿的动手能力，又有助于发展幼儿的设计、制作能力，是很好的创造性探索活动，可以真正融入STEM（科学、技术、工程、数学）教育，让幼儿有机会在敲敲打打的动手操作中感知材料，学习使用工具，进行设计、测量、计算、制作等科学学习和探究活动。

1. 场地设置

在设计户外木工坊时，教师可以根据幼儿园户外的实际情况进行场地的选择。一般可以把木工坊设置在相对安静的场地边缘，既可以设计成开放的样式，只有一个屋顶或棚子，也可以设计成漂亮的木板房、玻璃房等。

木工坊一般由以下三部分组成。

（1）工作台

它是幼儿利用工具进行木工操作的区域，工作台不宜太高，最好有高、低两种设计。工作台的中间可设置竖立的架子或盒子，方便存放小型工具和常用的钉子等材料。

（2）材料存放架

由于木工坊会有很多大大小小、形状各异的木材，因此要为木材的整齐摆放设置合理的收纳空间，可以设置成简易架子，也可以分类摆放在筐里。

（3）作品展示台

每天幼儿都会制作出一些木工作品，这些作品需要一个存放和展示的空间，这些作品也会成为幼儿相互学习和借鉴的范例。作品展示台应该由两个空间组成：一个存放完成的作品，另一个存放未完成的作品。有时候，幼儿需要多次制作和打磨才能完成一件作品，并且展示台应该有存放幼儿未完成作品的空间设计。

2. 工具材料投放

由于幼儿园的幼儿年龄小，而木工活动又比较特殊——无论是教师还是幼儿，在生活中都缺乏木工活动的经验，因此幼儿园木工活动的开展需要解决三个方面的问题：安全的问题、教师学习和培训的问题、适宜的工具和材料配置的问题。

幼儿园木工工具和材料在配置时应多请教专业人士，工具是否适合幼儿使用、是否安全，最好先买一件试试之后再做决定。另外，教师还需要注意以下几点。

第一，针对不同年龄的幼儿，所选的工具和材料以及活动的内容都应该有所不同。

第二，4岁以上的幼儿应该使用真实的工具，而不是塑料的玩具工具。尽管高质量的工具价格有些高，但是具有很重要的意义。

第三，可以到商店购买材料，也可以请木材工厂捐献一部分下脚料。幼儿木工活动的木材不仅要求数量多，而且材料的质量也要高——木块太大不行，幼儿没有能力分割；木块形状相同也不行，无法支持幼儿进行创造性建构。

第四，不要急于让幼儿进行木工创作。幼儿必须首先学习安全使用工具，并在简单的锯木头和钉钉子的过程中熟悉木材的纹理、形状等特点，感受木工活动的乐趣。

第五，应指导幼儿学习简单的木工技能，如锯切、黏合木块等，帮助幼儿不断积累木工活动的经验。在进行简单的物体建构（如桌子、飞机、木头人）的过程中，体验创造的喜悦。

四、户外环境设计

我国有句俗语："巧妇难为无米之炊。"在幼儿的世界同样是这样，游戏材料是幼儿表现游戏、发展游戏的重要物质支柱，离开了游戏材料，游戏几乎难以进行。游戏材料的本质特性和多样多变的特征能使幼儿通过游戏活动发挥出其各种探索行为与周围生活环境之间互为推进发展的积极作用。教师每增加或减少一种材料，幼儿立刻就有不同的游戏表现。游戏材料就好像是隐形的翅膀，伴随幼儿自由翱翔。

（一）户外环境

我国国土面积大，东部与西部之间、南方与北方之间、农村与城市之间，幼儿园的实际状况差异巨大，在创设幼儿园户外环境时，应根据实际情况，考虑幼儿兴趣、课程需要、面积、绿化、气候等一系列具体问题，因地制宜地进行合理的规划与设计。

1. 户外面积

我国住房和城乡建设部发布的《托儿所、幼儿园建筑设计规范》规定，幼儿园"每班应设专用室外活动场地，面积不宜小于60平方米，各班活动场地之间宜采取分隔措施""应设全园共用活动场地，人均面积不应小于2平方米"。这两项规定明确了幼儿园户外活动场地的最低人均面积（人均约4平方米），但它远远低于全美幼儿教育协会（NAEYC）要求的"每个儿童拥有75平方英尺（约7平方米）的标准"。尽管我国人口众多，土地紧缺，但还是希望在幼儿园建设过程中能够从幼儿健康成长的角度出发，尽可能给予幼儿园比较充足的户外活动面积，以满足全园幼儿每天不少于2小时的户外活动的需要。

2. 合理规划

按照《托儿所、幼儿园建筑设计规范》的规定，幼儿园的户外活动场地既需要规划各个年龄班独自使用的活动场地，又需要规划全园幼儿共用的活动场地，这样的规划既有助于各班幼儿独自开展活动，又有助于全园幼儿共同活动。但在实践中，大多数幼儿园在规划户外场地时，先按照场地功能做全园的总体规划，如沙水游戏区、攀爬区、车类游戏区、建构游戏区、跑道……然后在具体使用的过程中，根据各个班的发展特点和教育目标，通过具体计划来安排各个班级使用的场地，包括选择、使用次序和使用频率。目前，后一种规划方式可能更符合幼儿园的实际情况。

（二）光照与绿化

1. 光照

幼儿在户外活动时可以充分进行日光浴，这是户外活动对于幼儿健康成长的意义之一。《托儿所、幼儿园建筑设计规范》规定，幼儿园"应建设在日照充足、交通方便、场地平整、干燥、排水通畅、环境优美、基础设施完善的地段"，"室外活动场地应有1/2以上的面积在标准建筑日照阴影线之外"。

2. 绿化

户外环境的自然性在很大程度上取决于绿化。绿化也是幼儿园美化的基础和前提，绿化的花草树木也为幼儿的科学探究提供了物质基础。《托儿所、幼儿园建筑设计规范》规定，"托儿所、幼儿园场地内绿地率不应小于30%，宜设置集中绿化用地"。《幼儿园建设标准》规定，"集中绿地是幼儿园美化净化环境、隔声减噪、改善小气候、认识植物及幼儿室外游玩的场所，可以起到美化、优化保教环境的作用，对幼儿有着陶冶情操、引发联想、拓展思维的功能，应统筹规划建设"。

具体来说，幼儿园户外绿化应注意以下几点。

（1）既有高大的乔木，又有低矮的灌木

高大的乔木在夏季可以提供阴凉，低矮的灌木可以用于隔断场地，有助于幼儿近距离触摸和观察。即使是乔木，也应该既有果木，又有花木，多样的树木有助于开阔幼儿的视野，感知植物的多样性。

（2）既有树木，也有藤蔓、花坛和草坪

草坪的创设有助于幼儿开展各类跑、跳、翻、滚、爬的游戏。由于幼儿园户外的草坪不仅仅是观赏的草坪，因此，草坪选择的种类非常重要，应该是耐踩踏、可自我修复的品种。

（三）避免在绿地内种植不达标植物

避免在绿地内种植有毒的、带刺的、有飞絮的、病虫害多的、有刺激性的植物。

五、实践中的误区

现阶段，无论是学前教育的行政管理人员，还是幼儿园的经营者、管理者，都越来越重视幼儿园的户外环境创设，但在具体工作中，因为理念的偏差、安全的禁锢、环境创设知识不足等，导致现阶段幼儿园的户外环境创设存在很多误区。这些误区的存在虽然花费了钱财和精力，却没有提供一个很好的、能够为幼儿学习和发展服务的户外环境。

在幼儿园户外场地规划与设计中，通常存在以下误区。

第一，盲目模仿，缺乏设计理念引领，没有整体规划意识。幼儿园户外环境的规划和设计是一件很专业的事,但是现阶段,我国缺乏优秀的专业设计团队,很多幼儿园在建设时由开发商负责,缺乏与教育部门的有效沟通。很多设施在交付使用时,幼儿园教师感觉不好用,只好毁掉重新建设,造成不必要的浪费。有些幼儿园的经营者和管理者会在规划幼儿园环境时,主动出去参观学习,但因为缺乏正确的环境设计理念的引领,只会盲目模仿某个幼儿园的这一点或那一点,而不知道如何结合自己的实际情况,从整体上对幼儿园的环境做统筹规划,让幼儿园的户外环境和室内环境更好地为幼儿的发展与课程目标的实现服务。

第二,户外环境规划时忽略了对现有资源的合理利用,缺乏特色,造成"千园一面"的现象。幼儿园不是一个孤立的存在,自然环境和社会环境是一个大的系统,环境中的所有要素都会相互影响。每所幼儿园所处地域的自然环境、社会环境、文化形态都是不同的,这是幼儿园存在所依托的重要资源。在创设幼儿园户外环境时,应先对幼儿园已有的资源进行分析,根据自己的资源优势(既包括自然环境和社会环境,也包括园内建设结束后的环境现状,如面积、形状、地面形态、地下设施等),创设富有特色的户外环境,避免简单地重复别人的样式,造成"千园一面"的现象。

第三,建筑设计缺乏室内外多向通道设计。每天幼儿会从室内到户外进行多次转换,很多幼儿园只有楼梯口一个通道,供全园几百名幼儿出入,既不符合消防规范,也不利于幼儿在室内外自由地进行活动转换。在对幼儿园进行环境设计时,应该考虑幼儿每天不少于2小时的户外活动的需要,多设计一些开放式阳台、连廊,让每个班级的幼儿都可以轻松地进出活动室,保障幼儿有更多户外活动的时间。

第四,户外环境功能单一,仅有运动场地,缺少支持幼儿开展多样化活动的空间设计。在很多城市小区的配套幼儿园,户外一般只有一个较空阔的院子,铺设塑胶地面,边缘有一个滑梯,这样的幼儿园基本上没有户外环境的设计。也有一些幼儿园会在户外投放除滑梯之外的其他运动器械,如攀登架、爬网、梯子、平衡木等,但户外空间缺乏功能上的划分,仅有适合运动的设施和器材投放,缺少支持幼儿进行多种类型的游戏和探究活动的空间设计。

户外环境的规划应着眼于幼儿的全面发展,尽可能做到室内场地与户外场地、体能活动场地与智能活动场地、个别活动场地与集体活动场地、游戏场地与探究学习场地、人造场地与自然场地之间的平衡，以支持幼儿在多种类型的活动中获得全面发展。

第五，太多的硬化地面，缺少多样化的地表样态。在湖南长沙15所幼儿园进行的一项调查发现各种类型的地面所占的比例为：水泥地面53%、拼塑铺地47%、浇注式塑胶地面33%、草地和地毯铺地20%、瓷砖和鹅卵石地面7%。这个调查结果反映了我国幼儿园户外活动场地硬化地面太多，塑胶地面比例高（而且具有越来越高的趋势）的特点，现在很多农村幼儿园也在户外铺设大面积的塑胶。

室外活动场地的地面不可铺设有化学污染或放射性污染的材料；不提倡铺设花岗岩、硬质地砖和水泥地，因为这些地面不利于幼儿奔跑跳跃；大面积铺设塑胶地面会造成空气污染，影响幼儿健康，所以，除了跑道之外，其他地方不宜铺设。

全美幼儿教育协会在《美国幼儿园环境安全评估标准》中提出，幼儿园要有适合幼儿开展不同活动的地面，如草地、水泥地、沙池等。美国总务管理局（GSA）通过的《托幼机构设计指南》明确指出，幼儿园户外的地面材料分三种：弹性的、硬性的和草坪。弹性地面建议使用木屑、树皮屑、环保的橡胶地垫等，可以减少对幼儿跌落时的伤害。硬性地面主要是指混凝土、沥青、砖石等，方便车类游戏使用的地面。草坪是幼儿园户外游戏最适合的地面，可以选择适合当地气候条件的、耐踩踏的、容易养护的草坪。

此外，维护幼儿园地表的多样化形态符合环境保护的基本理念，对于营造幼儿园小环境的良好生态循环也是大有裨益的。

第六，缺少小团体和私密空间的设计。幼儿园户外活动不仅有全园、全班幼儿的集体活动，在自主活动理念下，幼儿园每日还应有不少于1小时的自主游戏活动。幼儿会三三两两结伴，自由选择区域、自由选择玩具，开展属于他们自己的游戏。开放的空间有助于幼儿之间的流动和互动以及教师管理（教师对全园场地一览无余），但如果全园户外全部都是开放的大空间，那么就很难满足部分幼儿对于安静的游戏空间或私密小空间的需要。现阶段，我国很多幼儿园在创设户外环境时都忽略了这一点。

创设户外环境时可以在户外的小树林、长廊、亭子等区域因地制宜地设置一些小树屋、小草房，或者动态投放一些布帘，供幼儿自由围挡成自己的私密空间，也可以在户外投放几顶帐篷，作为幼儿的私密空间和安静游戏的空间。

第七，不顾活动空间对幼儿发展的适宜性，盲目追求园林般的绿化、美化。现阶段，有些幼儿园盲目追求高大上的环境设计，请园林设计部门的人员做户外环境设计，结果却因为园林设计部门的人员对幼儿园户外活动缺乏了解，导致户外环境的设计只有绿化和美化，丢弃了教育化和儿童化，大面积的场地沦为单一的景观带。有些设计空间分割过碎，不当的绿化形式占用了太多活动空间，缺少幼儿能够跑动起来的大空间以及一个区域到另一个区域的流畅通道，甚至有些绿化、美化的地带设有高出地面的路缘石或护栏，阻碍了幼儿的自由游戏和探索，出现"教育用地无教育"的尴尬局面。

绿化、美化是幼儿园户外环境创设很重要的一点，绿化、美化所占用的空间必须服务于幼儿的生活和幼儿的发展，要有意识地将幼儿园每一寸土地的功用与促进幼儿发展联系起来，创造性地提高其使用效率。户外面积有限的幼儿园不主张单纯创设只能观赏、不能自由出入开展活动的绿化带，应当清除路缘石和隔离护栏，让绿化带、草坪地面和道路、游戏场自然衔接，以支持幼儿自由自在地奔跑和户外活动。

第八，活动场地规划太过精致和规矩，缺乏生机和野趣。讲究环境设计是一件好事，但过于讲究则容易走向反面。现阶段，有些幼儿园资金充足，每年都要琢磨出一些项目。如果缺乏正确的环境理念加以引领，那么就可能出现户外活动场地规划设计过于精致、过于规矩，了无童趣。

幼儿园户外环境的创设应该从孩子的视角出发，保留自然应有的元素，有时候，一片未经修整的地面会杂草丛生、土地裸露、坑坑洼洼，但幼儿则会兴趣盎然地在这里采摘野花、编织草叶、寻找虫子、挖掘壕沟……他们会在这里游戏、交往、观察、探寻、思考，乐在其中。可见，具有儿童意识的环境才是幼儿喜爱的环境。

第九，环境创设中缺乏课程意识。《幼儿园工作规程》第三十条提出："幼儿园应当将环境作为重要的教育资源，合理利用室内外环境，创设开放的、多样的区域活动空间，提供适合幼儿年龄特点的丰富的玩具、操作材料和幼儿读物，支持幼儿自主选择和主动学习，激发幼儿学习的兴趣与探究的愿望。"也就是说，环境不是孤立的存在，它不仅是供幼儿消遣、休息和娱乐的存在，而且是为幼儿的学习和发展服务的，是幼儿园课程建设的一部分。

现阶段，有些幼儿园管理者在进行户外环境创设时，仅仅从教师好管理、幼儿好玩耍的角度进行空间规划和玩具投放，而忽略了环境就是教育资源，是幼儿园课程的组成部分。

第三章

幼儿户外自主锻炼体能性游戏的开展

为培养幼儿强健的体魄，增强其抵抗力，促进幼儿在游戏中开展深度学习，幼儿园紧密结合课程游戏化建设内容，有计划、有目的地在游戏中渗透科学、社会、艺术等多领域的主题目标。通过引导幼儿外活动中的走、跑、跳、钻与爬、投与掷、平衡与综合等体能运动训练，让其获得身心的协调发展。

第一节 走的体能发展游戏

一、摸石头过河

（一）玩法

幼儿拿两块地垫，每走一步都要踩在地垫上，交替前进，直到终点，结束游戏。

（二）准备

地垫两块。

（三）作用

锻炼幼儿肢体的协调能力。

（四）实施

引导幼儿尝试将一只脚踩在垫子上，然后转身拿另一块垫子放在前面，再将另一只脚踩在垫子上，依次往前行走。当幼儿发现垫子放的距离越远，行走得越快的时候，他会试图把垫子放得更远一些。有的幼儿步子迈得不够大，教师可以用语言提示怎样才能走得更快。

（五）反思

在玩游戏的过程中，一名幼儿试图每次都把垫子放在离自己很远的地方，导致他踩垫子向前走的时候有一定难度。于是，教师提示他不能为了更远的距离而违反游戏规则，过河的时候还是要遵守游戏规则，双脚依次踩垫子向前走。这个游戏既能锻炼幼儿身体的协调能力，又能培养幼儿的竞争意识，让他们明白，想要快速到达目的地，就要想办法找到适合自己的方式。

二、聪明的小孩

（一）玩法

在游戏开始时，教师带领幼儿一起念："聪明的小孩来游戏，上摸天，下摸地，摸摸旗杆跑（走、单脚跳、双脚跳）回来。"念完后，幼儿朝指定的方向跑去，摸到指定的物体后，按要求返回来。

（二）准备

幼儿对所摸的物体应该是熟悉的。

（三）作用

锻炼幼儿听到信号向指定方向跑的反应能力。

（四）实施

请幼儿仔细听教师的要求，幼儿去物体所在处摸物体，准确摸到物体之后，按教师的要求走回来、跑回来或者跳回来。看哪个幼儿摸得准确，且按教师的要求返回得快。教师发出指令，请幼儿按指令做动作，结束后，教师总结幼儿的活动情况，表扬做得又快又准的幼儿，对于做得慢的幼儿，告诉他要认真听指令，迅速找到物体，完成任务。

（五）反思

在游戏过程中，一名幼儿每次在教师提要求时，都会聚精会神地听，教师一说开始，他就立刻跑到物体所在处，虽然摸完迅速跑回来，但根本没按照教师的要求（走、跳）。游戏结束后，教师和幼儿一起讨论谁做得又快又好，并指出做得好的幼儿，此时教师和幼儿一起讨论得出："游戏有游戏的规则，每个人都要遵守规则，不然即使做得再快，也是没有用的。"通过这个游戏，幼儿学会了遵守规则并按规则行事。

三、小小护旗手

（一）玩法

每两名幼儿一组，面对面站立，一名幼儿做护旗手，单手扶旗杆，旗杆底部着地，并与地面保持垂直。当听到"一、二、三"口令时，护旗手松开旗杆，对面的幼儿迅速扶住旗杆，保持旗杆留在原地不动，再发出口令时交换，有任何一组旗杆倒地就被淘汰。

（二）准备

在80厘米的PVC管上粘上国旗做成旗杆，每两人一根；空旷的场地。

（三）作用

提高动作的协调性和灵活性；体会同伴间相互配合、友好合作的重要性。

（四）实施

幼儿在面对面站立的时候调整好距离，护旗手要始终保持旗杆的稳定，在听到口令时，要马上松手，在松手的一瞬间，对面幼儿马上扶住旗杆。刚开始时，幼儿可以站得近一些，用双手扶住旗杆；熟练后，幼儿可以间隔一定的距离，用单手扶住旗杆，加大难度。

（五）反思

幼儿的灵活性和协调性是在反复的活动过程中积累起来的，要不断创设幼儿参与各种游戏活动的条件和机会，让幼儿尝试玩各种运动材料，游戏中，一根小小的管子为幼儿提供了一个机会，促进幼儿的动作灵活性和协调性。在运动过程中，教师还可以慢慢了解幼儿的运动能力、发展水平和运动兴趣等，并设计相应的活动内容来激发幼儿的运动兴趣。幼儿在开始玩这个游戏的时候是有难度的，首先要认真倾听，等待口令发出，在听到口令松手的时候，一个松手，一个扶住，两人衔接的动作要快，否则旗杆的稳定性就会受到影响。

第二节　跑的体能发展游戏

一、四散追逐跑

（一）玩法

所有幼儿背对圆圈捂好眼睛，教师在圈内偷偷指定一名幼儿当大灰狼（拍肩膀），其他幼儿当山羊，其中有几名幼儿是电羊（摸头）。角色分配好后，幼儿转过身来开始唱儿歌："头上两只角，身上长白毛，爱吃青青草，我是小山羊！"儿歌唱完后，大灰狼跳出来说："我来吃羊啦！"随即追逐羊群，羊群四散跑开，如果大灰狼抓住小山羊，就可以把小山羊"吃掉"；如果大灰狼抓到电羊，则大灰狼被"电死"。

（二）准备

大圆圈；宽阔的场地。

（三）作用

锻炼幼儿四散追逐跑的能力和听到指令后的反应能力。

（四）实施

在游戏中，教师要及时更换幼儿的角色并规定好幼儿的活动范围，避免幼儿失去兴趣或是过度奔跑。为了保证游戏的公平性，教师可以选一名评判者，观看确定其他幼儿身份的全过程，或是直接由评判者决定其他幼儿的身份。

（五）反思

"四散追逐跑"的游戏一直是幼儿十分热衷的，教师在组织游戏时一定要注意幼儿的安全，让幼儿在互相追逐时注意躲闪，以免发生碰撞等危险事件。这个游戏和"狡猾的狐狸"很相似，但不同的是，游戏中的电羊角色让幼儿很有新鲜感，创新了只有狼抓羊的经典桥段。在游戏中，幼儿不再争当大灰狼，而是期盼自己能当电羊，参与游戏的兴致很高。游戏不再是传统的你追我赶，这说明新角色的创新更能激发幼儿的游戏兴趣，这是教师在以后组织游戏时需要多加考虑的。

二、蜗牛对抗赛

（一）玩法

在游戏开始后，两名幼儿一起从各自的起跑线出发向对方的"家"跑过去，两人相遇时，进行"石头剪刀布"游戏，赢的人继续向前跑，输的人退回到起跑线重新开始跑，重复上述步骤。先跑到对方家中者获胜，游戏结束。游戏可升级为人数相等的两队进行比赛，"石头剪刀布"输的人站到本队队尾，下一名队员接力跑。哪个队全部队员先占领对方的"家"，哪队获胜。

（二）准备

幼儿会玩"石头剪刀布"游戏。

（三）作用

能沿螺旋线路快速向前跑；学会遵守输者回到起跑线后的游戏规则。

（四）实施

在场地上画上螺旋图案的跑道，利用最外圈，请幼儿玩一些有关拉圆圈的游戏，如"拉个圆圈走走""吹泡泡"等。再请幼儿观察场地的圆圈有什么特点，像什么，还可以怎么玩，引出可沿着螺旋跑道跑的玩法。请幼儿分别从外圈出发向里跑和从里圈出发向外跑，在熟悉跑道特点的同时，感受沿着螺旋跑道玩的乐趣。幼儿通过自由探索，对场地有了充分的了解，已迫不及待地要玩与"蜗牛圈"有关的游戏了，那么此时教师即可说明游戏的玩法，注意语言要生动，以引起幼儿的注意，要将讲规则和真游戏相结合。教师可以和保育教师一起进行游戏示范，再请幼儿试试看，并通过观察，暂停游戏，请幼儿说说看游戏中存在的问题，怎么玩才对。让幼儿逐步理解规则，快乐地游戏。

游戏中的问题及其解决策略：在教师讲明规则后，幼儿有了很高的游戏兴趣，但场地上只有一个蜗牛图，教师用粉笔在地上多画几个蜗牛图，可以满足幼儿同时玩游戏的需要。但是游戏后的清洁又会耗费很多时间，通过讨论与实验，教师选用绳子加胶带的方式替代了画蜗牛图，这样不仅满足了幼儿游戏的需要，也增加了幼儿布置场地的乐趣。

（五）反思

幼儿很喜欢这个游戏，但又总因为规则落实不到位而出现很多不愉快，该怎么办呢？游戏是幼儿的，出现了问题，应该从幼儿中寻找解决方法。首先把游戏中玩得愉快、守规则的情境录下来，在户外游戏结束后，给大家播放，请幼儿学习正规的玩法。然后请幼儿说一说他们在玩这个游戏时有哪些感受，有什么不高兴的情况，具体原因是什么，应该怎么解决。可以让幼儿分小组分享，几分钟后，请愿意发言的幼儿说一说。

经总结，主要问题有两种：一是有人不遵守规则；二是场地布置不完全相同，宽窄不一。该怎么办呢？第一次讨论没能得出好方法。继续讨论，请幼儿思考运动比赛中怎么确保公平。还为幼儿找来了几组图片，分别是羽毛球、击剑、足球比赛的照片，幼儿发现比赛都有裁判。"那我们也选裁判吧！"就这样，第一个问题有了解决办法。

第二个问题怎么办呢？怎么能让两根绳子之间的距离保持相等呢？教师把室内活动临时改成了科学活动——怎样让跑道的距离一样宽？教师给每组幼儿发了两根长绳子，请幼儿试试看怎么摆放能让跑道一样宽。但由于是在桌面上摆放，绳子也比较短，因此不用特别的方法，直接就能摆得比较接近蜗牛的形状，未完成活动目标。可以说，这个问题对于中班幼儿来说还是有难度的，那么发挥家长作用的时候到了，亲子小活动的蜗牛圈就是家长在家中地板上想办法摆出来的，有什么办法让蜗牛圈一样宽呢？教师请家长和幼儿一同探索并发来照片，第二天进行分享。这个活动得到了家长们的积极响应。对多个方案进行比较，最终，幼儿选择了在两根绳子之间套一个铁丝棍，铁丝棍的距离不变，绳子沿着滑动的铁丝棍进行粘贴，就可以布置出宽度相同的蜗牛跑道。

三、小鸡捉虫

（一）玩法

幼儿围成一圈，并扮演小虫，闭上眼睛。教师在圈内顺时针方向走一圈，用手指点触任意一名幼儿的手，以示他扮演小鸡。然后请大家睁开眼睛，幼儿拍手齐声喊："小鸡小鸡在哪里？"之后，小鸡迅速跑到圈中央，举起手说："小鸡在这里，小鸡就要捉虫去。"然后开始跑去捉小虫，其余幼儿四散跑向安全区域，被捉住的幼儿站在圈外，小虫全都跑到安全区域后，开始另一轮游戏。

（二）准备

划定安全区域，划定圆圈。

（三）作用

练习在一定范围内四散追逐跑，锻炼幼儿的反应能力及动作灵敏度。

（四）实施

首先，教师提问："你们知道小鸡爱吃什么吗？今天我们做一个小鸡捉虫的游戏。"然后，教师向幼儿介绍游戏规则。教师可以和幼儿一起参与游戏，请幼儿来扮演教师的角色，教师当小虫，以增强游戏的趣味性。在游戏过程中，教师要提醒幼儿注意安全。

（五）反思

在刚开始游戏的时候，有的"小虫"显得有些慌乱，不知道往哪里跑才安全。于是第一轮游戏结束后，教师提醒"小虫们"圈外（砖地）处是安全区域，"小虫们"要看清谁是"小鸡"再开始跑，不要迎着"小鸡"跑，快速跑到安全区域就可以了。第二轮游戏时，大家明显有了进步，会观察好了再跑。再游戏时，"小虫们"越来越机灵，"小鸡"需要花很大力气才能捉到"小虫"。本次活动的目的就是锻炼幼儿躲闪跑的能力和动作敏捷度，通过几轮游戏，幼儿得到了充分锻炼。

四、猫和老鼠

（一）玩法

请两名幼儿站在圈外，一名幼儿当老鼠，一名幼儿当猫，其余幼儿两人一组，一前一后站在大圆圈上，左右间隔一步。在游戏开始后，"猫"和"老鼠"沿圆圈外快速追逐跑，在跑的过程中，"老鼠"可以跑到任意一名幼儿前面站住，此时后面的幼儿即变成"老鼠"，并立刻沿着圈外快跑，"猫"继续追新的"老鼠"。如果"老鼠"被捉到，则换"猫"和"老鼠"；如果"老鼠"连续更换三次，"猫"都未捉到，则换"猫"，游戏重新开始。

（二）准备

画有圆圈的大场地。

（三）作用

幼儿练习在一定范围内追逐跑，身体的灵活性和敏捷度得到锻炼，反应能力得到提升。

（四）实施

队列练习（四队、大圆走、开花走、左右分队走、一对一对走、成双圆圈走），幼儿站成一个大圆（人与人之间略有间隔），教师交代游戏名称及游戏的方法、规则。在幼儿游戏时，教师注意观察，如果被追的"老鼠"连续更换三次，仍未被"猫"捉到，就另换幼儿当"猫"追逐。被追到者不再当"老鼠"，以免太累，游戏结束后，做放松整理动作。

（五）反思

通过玩"猫和老鼠"的游戏，培养幼儿快跑、躲闪的能力，提高幼儿动作的灵敏性以及幼儿之间合作进行游戏的能力。但是由于游戏节奏快，有的幼儿反应慢，跟不上游戏的快节奏。因此，教师采取走慢的节奏方式进行游戏，这样可以使不明白规则的幼儿尽快熟悉游戏规则，也方便在快节奏游戏的时候，大家都能跟上节奏，使游戏更好玩、更有趣。

五、分西瓜

（一）玩法

幼儿手拉手围成一个圆圈，教师和幼儿共同有节奏地念儿歌，同时教师边走边有节奏地在幼儿拉手处做切西瓜状。儿歌念完时，教师的手停留在哪两位幼儿中间，这两位幼儿就把手放开，拉着其余幼儿的手往圆心跑，表示西瓜被分开了，大家做吃西瓜的状态。然后重新开始游戏。游戏进行若干次后，可由幼儿来分西瓜。

（二）准备

认识西瓜，知道西瓜的外部特征。

（三）作用

体验创编游戏的乐趣，能根据指令做相应的动作。

（四）实施

兴趣导入，提问："你们喜欢玩'切西瓜'的游戏吗？今天我们一起设计新玩法吧？"教师和幼儿一起讨论新玩法并制定游戏规则。根据幼儿和教师的设计，采取新的玩法进行游戏。

（五）反思

"切西瓜"是幼儿非常喜欢的一个传统体育游戏。"分西瓜"改编自"切西瓜"。在户外活动时，教师提供机会让幼儿自主游戏。在游戏时，幼儿是放松的、快乐的。游戏的灵感源于幼儿，他们想到"分西瓜"这个新玩法，于是教师和幼儿一起设计玩法、制定规则，再一起尝试玩这个新游戏，幼儿在玩自己设计的游戏时既高兴又自豪。

六、打地鼠

（一）玩法

将长绳放在地上围成一个封闭的圆形作为粮仓，将粮食分散地铺在粮仓里，一名幼儿作为小主人手拿小锤子站在粮仓内，其他幼儿作为"小地鼠"躲在粮仓外面的"老鼠洞"里。小主人给出开始信号后，"小地鼠"进入粮仓开始偷粮食，偷到粮食后，立刻返回"老鼠洞"，将粮食放在小筐内，再次返回粮仓偷粮食。"小地鼠"在粮仓内被小锤子打中后，要放下偷到的粮食，重新开始，否则被视为犯规，送入"老鼠笼"。幼儿可以轮流担任小主人。粮食全被偷光，则"小地鼠"获胜；"小地鼠"都被抓入"老鼠笼"，则小主人获胜。初玩时，可以只有一名小主人，后期可以适当增加小主人的数量，如3名或5名等（根据玩游戏的幼儿总数来决定），对游戏的速度和密度进行适当的调整，也可以增加游戏的趣味性和难度。

（二）准备

长绳子一根（作为粮仓），布质胡萝卜、花生、玉米若干，充气小锤子一把，小筐一个。

（三）作用

锻炼幼儿快速反应的能力及追逐和躲闪的能力。

（四）实施

教师先扮演小主人，请所有幼儿扮演小地鼠，教师向幼儿说明游戏规则，幼儿慢慢熟悉规则后开始进行游戏。后来幼儿进入粮仓的次数明显减少，教师发现，幼儿为了避免自己被小锤子打到，干脆不冒险进入粮仓了，都在圈外徘徊。于是，教师和幼儿商量如何避免这种情况发生，幼儿提出，如果"小地鼠"一直在圈外，就只能直接被罚下场，进入"老鼠笼"。接下来请幼儿扮演小主人，当只有一名小主人的时候，游戏进行得很慢，小主人抓到"小地鼠"也比较困难，小主人总是输掉游戏。于是，小主人的数量增加到3名，这样，游戏进行得相对快一些，双方实力也比较均衡。

（五）反思

充满趣味性的故事情节和材料使幼儿对这个游戏很感兴趣。在游戏中，幼儿不仅锻炼了追逐、躲闪的能力，也初步体验了团队合作和分工。

七、说三个字

（一）玩法

选出两名或三名幼儿作为猫，其他幼儿为老鼠，"猫"和"老鼠"都必须在规定范围内单脚跳。当"猫"快要抓到"老鼠"时，"老鼠"站定并快速说出一个三个字的词语（如"大西瓜、人之初"等），即可当场"定住"，"猫"的抓捕对其便失效，这时"猫"只能去捉其他"老鼠"。当有一只"老鼠"触碰了"定住"的"老鼠"，则可以为他解除"定住"，解除"定住"的"老鼠"可以继续活动，没能在被猫抓到之前快速说出三个字的"老鼠"，即被成功抓到，"猫"和"老鼠"在原地站定的情况下可以双脚着地，一旦开始移动，则必须单脚跳，否则视为犯规。

（二）准备

无。

（三）作用

练习单脚跳，发展下肢力量；锻炼快速的思维能力和反应能力；练习在一定范围内追逐和躲闪；培养团队协作意识。

（四）实施

在过渡环节，教师和幼儿一起玩"说三个字"的游戏，鼓励他们想出更多三个字的词语，在户外空旷场地向幼儿说明规则，帮助已经"定住"的伙伴解除"定住"，非常需要幼儿之间的协作配合。但是在前几次游戏中，幼儿总是只顾自己躲闪，注意不到其他伙伴的情况。在教师强调小伙伴之间应互相"救助"和提醒之后，这个问题有了明显改善。

（五）反思

这个游戏根据传统游戏改编而来，幼儿要在一定范围内单脚跳或者双脚着地，加上互相追逐，提升了游戏的难度。幼儿在将要被抓住之前快速反应，说出三个字的词语，也是非常有挑战性的。当把三个字的词语换成水果、蔬菜、动物等类别的词，幼儿玩得也非常投入。在游戏推进的过程中，幼儿亲身体验了物品的分类，能够举一反三，提高了思维的灵活性。

八、123不许动

（一）玩法

选出一名幼儿作为小堡垒，站在固定的点上背对其余幼儿，其余幼儿扮演小士兵站在起始线后准备，"小堡垒"转头面对"小士兵"，当"小堡垒"把头转回去时，"小士兵"可以向前走，但当"小堡垒"说出"123不许动"时，所有"小士兵"都要站定在原地，此时"小堡垒"可以向后扭头观察所有的"小士兵"。依次进行几次后，"小士兵"逐渐接近"小堡垒"，如在站定的时候被"小堡垒"触碰到，或双脚没能站定，则"小士兵"被罚下场；如果在可以前进的同时，触碰到"小堡垒"，则"小士兵"获得胜利；如果所有"小士兵"都被罚下场，则"小堡垒"获胜。

（二）准备

起始线。

（三）作用

锻炼快速反应的能力和肢体的协调平衡能力。

（四）实施

游戏的关键在于在走和停之间的迅速切换，由类似游戏"木头人""老狼老狼几点了"改编而来。教师先和幼儿玩固定点互相触摸的游戏，即教师和幼儿分散站定，在双脚不移动的情况下，尽力触摸到他人，让幼儿充分练习伸展四肢保持平衡去触摸；然后教师先站在前面扮演小堡垒，请所有幼儿站在线后准备，向幼儿重点强调游戏规则：游戏开始前，要站在起始线的后面；游戏过程中，在小堡垒回头的时候，双脚没能站定不动的"小士兵"被罚下场。

（五）反思

由于该游戏具有一定的对抗性，需要幼儿有较快的反应速度和身体的平衡性、灵活性，因此幼儿对这个游戏很感兴趣。在游戏过程中，一开始，幼儿难以掌握如何在双脚站定的情况下努力伸手去触摸到别人，但通过游戏前的观察和模仿，幼儿能够尽量保持平衡。小堡垒这个角色是有一定难度的，需要在回过头的一刹那迅速地说出"123不许动"，以保证"小士兵"不能前进得太快。教师请每一位幼儿多次尝试快速说这句话，紧接着回头。经过练习，幼儿的表现明显有了进步。教师和幼儿商量每一次游戏由谁来当"小堡垒"以及游戏的起始线到"小堡垒"之间的距离定为多少比较合适，最后决定每一局游戏中坚持到最后的一名"小士兵"在下一局可以扮演小堡垒；如果"小士兵"赢了，则由第一个拍到"小堡垒"的幼儿来扮演。游戏场地最好依据幼儿对游戏的熟练程度和实地情况来定。

起初，幼儿对这个游戏只是感到好奇和有趣，之后开始掌控游戏，成为游戏的主人，在他们熟悉游戏规则后，能够控制自己不去犯规，同样也能纠正伙伴的犯规行为，他们甚至和教师一起讨论游戏规则。通过这个游戏，幼儿不仅锻炼了自身的动作灵活性、反应能力和身体的平衡协调能力，也有了初步的团队协作意识。相信上大班后再玩这个游戏，幼儿会讨论出更多玩法和战术。

九、猫捉老鼠

（一）玩法

一名幼儿扮演猫，其余幼儿扮演老鼠，也可以根据玩游戏的幼儿总人数而确定"猫"的数量。如共有25名幼儿玩游戏，可以设定3~5名幼儿扮演猫，其余幼儿扮演老鼠。"猫"和"老鼠"都在规定范围内，被"猫"抓到的"老鼠"被送入"老鼠笼"里。如果"老鼠"跑出规定范围，即为犯规，也抓入"老鼠笼"；如果"猫"跑出规定范围，则从"老鼠笼"中送回一只"老鼠"。在规定时间内，所有"老鼠"被抓住，则"猫"赢得比赛；"猫"没有捉到全部"老鼠"，则"老鼠"胜利。

（二）准备

猫头饰、老鼠头饰。

（三）作用

练习在一定范围内追逐跑，发展肢体的协调能力。

（四）实施

先由教师来扮演猫，向幼儿指明游戏的范围，提醒幼儿在游戏过程中注意安全，以"猫和老鼠"的故事引出游戏，随后可以请幼儿来扮演猫。

（五）反思

幼儿对追逐跑很感兴趣，喜欢互相追逐、躲闪。创设游戏情境，由一名幼儿扮演猫，其余幼儿扮演老鼠，能够增加追逐跑的趣味性。起初，在没有明确范围设定，且只有一只"猫"去抓"老鼠"的情况下，幼儿玩过几次后，感觉游戏难度大，扮演猫的幼儿对抓到"老鼠"没有信心。于是教师将"猫"的数量增加到3~5只，适当降低了游戏难度，但是由于场地过大，游戏仍然耗时较长。在此基础上，教师和幼儿一起商定了游戏范围，要求"猫"和"老鼠"都不能跑出规定范围。这样一来，游戏的难度和密度都比较合适，幼儿能在游戏中体验到乐趣和成就感。

第三节　跳的体能发展游戏

一、有趣的跳绳

（一）玩法

通过跳绳开展丰富有趣的活动，如单人向前跳、单人向后跳、四周跳、带人跳、双人向前跳、双人向后跳、跳大绳等。

（二）准备

跳绳、音乐。

（三）作用

学习跳绳的方法，尝试进行跳绳游戏；探索绳子的多种玩法，大胆创新跳绳的其他玩法，发展创造思维能力；能与同伴合作进行跳绳和荡绳。

（四）实施

本次活动为长线活动，可根据幼儿的实际发展情况开展系列活动。每次活动前都应做好活动准备，保证幼儿活动安全。

第一次游戏，幼儿人手一根跳绳，自主探索跳绳的各种玩法。教师仔细观察，能够连续跳绳的幼儿和教师分别进行示范，其他幼儿观察、模仿，并说一说怎样跳绳才能够连续进行。教师根据幼儿的观察和讨论引出跳绳动作的基本要领：腰部挺直；眼睛看前方；手臂自然靠近身体，不可向外打开；食指和拇指用力握住跳绳手柄防止脱落，手心朝斜下方，手腕发力做外展内旋运动；起跳和落地都用前脚掌，落地时，切不可用脚后跟；跳起时高度要适当，以绳刚过脚为宜；幼儿分散练习跳绳；教师指导幼儿手握绳子的两端，将绳子垂在身体前面，双脚向前跳过后，再将绳子从后甩到身前，然后重复上述动作。在幼儿练习的过程中，教师进行观察指导。教师再次示范跳绳动作，帮助幼儿进一步了解和掌握跳绳的动作要领后，幼儿再次练习跳绳。

第二次游戏，在巩固单人跳绳的基础上，增加游戏的趣味性；进行跳绳比赛，连续跳得最多的幼儿获胜；也可进行计时比赛，在比赛时间内跳得最多的幼儿获胜，请幼儿和家长共同收集关于花样跳绳的不同跳法。

第三次游戏，进行花样跳绳。引导幼儿想一想、说一说，还可以怎样进行跳绳游戏。在单人向前跳、单人向后跳、四周跳的基础上，通过幼儿探索讨论和收集材料，开展了四种花样跳绳：带人跳、双人向前跳、双人向后跳、跳大绳。

第四次游戏，开发绳子的其他玩法，引导幼儿想一想跳绳除了跳，还能怎么玩，幼儿自由探索绳子的其他玩法，如绳子平衡走、绳子钻深洞、绳子公交车、绳子跨跳、拔河等。

（五）反思

跳绳对提高儿童身体素质有许多好处。跳绳能促进幼儿身体健康发育，增强幼儿的协调性。跳绳还可以促进幼儿机体的新陈代谢，有利于幼儿的健康成长。跳绳的活动作为长线活动，应该遵循循序渐进的原则，从幼儿自身发展出发，根据幼儿的接受能力来开展。跳绳的玩法多种多样，有单人跳、双人跳、多人合作跳等；跳绳方便带放，玩法多样，操作简单，不受场地限制，是一项适合大众的体育健身运动；活动主要通过幼儿的自由探索、相互交流和教师的耐心引导完成，同时充分利用家长资源，收集整理各种跳绳的资料，有效地帮助幼儿对花样跳绳有充分的认识。跳绳游戏还为幼儿创设了自由、自主的空间，让幼儿在游戏的氛围中得到发展，在幼儿熟悉各种跳绳方法的同时，教师善于发现和引导，提出新的玩法，使跳绳活动不局限于跳绳，全面发展幼儿各方面的能力，使幼儿能在玩绳中得到更多的乐趣，增强合作的意识，体验创造的乐趣，同时最大限度地挖掘幼儿的创造潜力，让幼儿敢于创新、乐于创新。

二、跳房子

（一）玩法

至少两名幼儿参与游戏，通过"石头剪刀布"决定谁先跳。游戏开始，第一名幼儿站在起点，将沙包投到1号格子，然后单脚依次跳过1~9号格子，遇到并排的格子时，双脚落地，到9号格子后，再按同样的方法跳回来，到1号格子捡起沙包，回到起点。之后，该幼儿将沙包投到2号格子，重复刚才的玩法。沙包没有投到相应的格子、压线或者投到房子界外，均算犯规；单脚跳时没按照数字顺序跳、脚着地或者踩线，均算犯规，犯规后，由其他幼儿开始游戏，下次游戏时，犯规幼儿从刚才犯规的格子继续跳。先投到9号格子并完成游戏的幼儿为优胜者。

（二）准备

沙包、跳房子格。

（三）作用

能遵守规则进行游戏，正确对待输赢，能肩上投掷并投准。

（四）实施

和幼儿一起说数字歌，调动幼儿兴趣；说明游戏规则，开始游戏。幼儿通过"石头剪刀布"决定谁先跳。

游戏中问题的解决：单脚跳时，如何保持身体平衡？可以多次原地踮脚，练习保持平衡，决定跳的时候，上半身带动身体跳过去，跳的时候动作要连贯。如何投到相应数字的格子？对于较远的格子，幼儿可蹬地转体，挥臂过肩将沙包投出，掌握好手臂的力量。

（五）反思

幼儿进行此类有规则的游戏时，能在规则的约束下，学会正确对待输赢。通过投掷沙包，幼儿发展了投准、投远的能力，锻炼了手臂肌肉，单脚跳房子也锻炼了幼儿的平衡能力。按1~9的顺序投掷沙包，再按照9~1的顺序跳回起点，锻炼了幼儿顺数及倒数的能力。有一次，两名幼儿在跳房子，A要将沙包投到7号格子，可是每次都投不准，几次下来，一直停留在7号格子的附近，有些着急；B跳得很顺利，已经超越了A，见A总是停滞不前，便告诉她："要瞄准7号格子，投的时候可以侧身，然后蹬地转身，挥动手臂将沙包过肩投出，动作要连贯，而且要掌握好手臂力量。"听了B的建议，A尝试了几次，就投准了。这个游戏在教会幼儿正确对待输赢的同时，也锻炼了幼儿的社会交往能力，看到同伴遇到困难，不是骄傲自己的成绩，而是大方地教给同伴经验，一起进步，这正是游戏蕴含的深层魅力。

三、勇敢的小兵

（一）玩法

幼儿扮演勇敢的小兵去敌营收集情报，路线是先要跨跳过战壕（高度为30厘米、35厘米、40厘米的跨栏，幼儿可自主选择路线），再走过小桥（户外独木桥），最后钻过地洞（拱门加地垫），拿上情报（纸卷制作），回到原点。

（二）准备

跨栏、独木桥、拱门、地垫、篮筐、纸卷。

（三）作用

练习助跑跨跳；幼儿能积极勇敢地体验跨跳，感受跨跳成功的喜悦。

（四）实施

教师提问："现在交给你们一项艰巨的任务，派你们去敌营收集情报，收集情报的路线是先要跨过战壕，再走过小桥，最后钻过地洞，拿到情报，再回到原点。"有三条路线（战壕高度为30厘米、35厘米、40厘米），请幼儿自己选择合适的路线。提醒幼儿，每条路线的人数不要过多，以免被敌人发现。在游戏过程中，前一个幼儿钻过地洞后，后面的幼儿才可以出发。幼儿分好队之后，进行游戏。在游戏过程中，发现问题及时纠正，巩固助跑跨跳经验。

（五）反思

此游戏充分调动了幼儿的积极性，幼儿玩时兴趣高涨。助跑跨跳的动作要领就是高度越高，助跑距离越长，要用力蹬地，高抬腿，快收腿，在指导幼儿完成游戏的同时，全程提醒幼儿记住动作要领，以便达到在游戏中练习助跑跨跳的能力。

四、我是跳伞兵

（一）玩法

幼儿把塑料袋夹在衣领上，按顺序进行游戏。展开游戏情境，小伞兵越过障碍跳伞。先跳过雷区（荷叶），再通过小桥（平衡板），然后爬过草地（垫子），最后走上飞机（桌子），进行跳伞（从高处向下跳）。

（二）准备

桌子六张、垫子六块、平衡木、荷叶、塑料袋、有关跳伞兵的视频。

（三）作用

掌握从高处向下跳并跳到指定位置的动作要领；尝试大胆地挑战自我，培养勇于挑战、不怕困难的品质。

（四）实施

开展活动前进行充分的热身运动，特别是下肢的运动，为幼儿之后的运动做好安全铺垫。首先，幼儿进行从高处向下跳的自由探索。在尝试的过程中，幼儿发现了不同的问题，如有时落地会不稳，有时会坐在地上，有胆小的幼儿不敢尝试。针对这些问题，教师和幼儿展开了"如何才能更好地从高处向下跳"的积极讨论，教师鼓励幼儿再次尝试，以儿歌的形式引出从高处向下跳的动作要领，接下来，幼儿佩戴塑料袋制成的降落伞进行跳伞活动。在活动中，大部分幼儿能够大胆地进行尝试，个别幼儿在教师的鼓励下，也努力积极地进行活动。为了增加跳伞后落地的准确性，教师在垫子上做了标记，并引导幼儿看准确后再跳伞，帮助幼儿跳到指定的位置。幼儿熟悉了动作要领和游戏过程后，又提出了新的玩法：建议增加一条通往飞机的通道，教师找来了梯子，放在桌子的一侧，让幼儿可以通过梯子爬上飞机。在反复调整材料和练习的过程中，幼儿基本掌握了从高处向下跳的动作要领，对活动始终保持饱满的热情，体现了勇于挑战、不怕困难的精神。

（五）反思

幼儿都听说过跳伞兵，从飞机上向下跳的解放军叔叔是他们钦佩的对象。本次"我是跳伞兵"的游戏主要是通过幼儿直接感知、亲身体验和实际操作，帮助幼儿养成勇于挑战、不怕困难的品质，对幼儿身体素质和合作意识的增强也具有重要意义。在活动前，虽然幼儿已经观看过有关跳伞的视频，但是在活动开始后，很多幼儿还是有恐惧心理，这就需要教师的耐心引导、鼓励和同伴的示范。通过不断的尝试，幼儿逐渐克服心理障碍，在活动过程中，教师能够及时发现问题，并让幼儿先讨论，再尝试，最后以儿歌的形式帮助幼儿记住动作要领。这种方式符合幼儿的年龄特点和发展水平，幼儿对动作要领记得住、记得牢。教师充分利用生活中的废旧材料，变废为宝，制作跳伞，可以有效地帮助幼儿进入情境，提高活动质量。当幼儿佩戴"降落伞"后，就会真的把自己当作跳伞兵，其精神面貌焕然一新。在活动中，当幼儿提出创新玩法时，教师接纳幼儿的合理建议，耐心地倾听和支持，并提供材料给予帮助，可以让幼儿自主选择难易不同的游戏形式，同时也减少了活动过程中的等待时间。在整个活动中，教师一直都是幼儿的合作者。幼儿在活动中变被动学习为主动学习。通过自主探索、总结得出的知识，有利于幼儿更好地理解和掌握。

五、你追我赶

（一）玩法

两人一组，两组进行游戏。两组各出一人交替扔骰子，另一人站在起点准备。根据骰子上的数字，同组队员向前双脚跳或单脚跳与数字同等的步数，先跳到终点的组获胜。

（二）准备

骰子。

（三）作用

加强同伴之间的合作；幼儿能根据骰子上的数字进行游戏。

（四）实施

选择一片场地设置起点和终点（相距10米），两人一组，两组一同进行游戏。两组各出一人扔骰子，另一人站在起点准备。通过"石头剪刀布"决定哪一组先开始，赢的组开始扔骰子，同组队员向前跳（双脚跳、单脚跳）与骰子的数字相同的步数；然后换另一组扔骰子，同组队员向前跳（双脚跳、单脚跳）与骰子的数字相同的步数。两组轮换进行游戏，先到终点的组获胜。

（五）反思

"你追我赶"的游戏有利于加强同伴之间的交往与合作，幼儿自由结伴开展游戏，在开始进行游戏时，教师建议幼儿扔骰子后，同组同伴可以跳到终点。玩着玩着，幼儿告诉教师，"我可以单脚跳""我可以跨一大步"，教师让幼儿自己选择从起点到终点的方式，但是两个人的方式要保持一致，幼儿的游戏开展得比以前更丰富了。在游戏中，幼儿是真正的玩家，他们对游戏的理解是不同于成人的，教师与家长要学会放手，在游戏中支持幼儿，尊重幼儿的选择，把游戏的主动权交给幼儿，还游戏以本真。

六、青蛙过河

（一）玩法

选出 1~3 名幼儿扮演鳄鱼，其余幼儿扮演青蛙，两条线中间的部分为河，"鳄鱼"可以在河里自由活动，但不能到河岸上来，"青蛙"用双脚跳的方式从河的一边跳到另一边，如途中被"鳄鱼"抓到，则被罚下场；如"鳄鱼"抓到了所有"青蛙"，则"鳄鱼"胜利。每只"青蛙"有三次"吃小虫"的机会，可以一边说着"吃小虫，吃小虫"一边过小河，如"鳄鱼"在"青蛙""吃小虫"时抓住了"青蛙"，则"鳄鱼"被罚下场，"青蛙"胜利。

（二）准备

鳄鱼头饰、青蛙头饰。

（三）作用

练习双脚跳，增强下肢力量；锻炼反应能力；培养团队协作意识。

（四）实施

在游戏之前，幼儿进行一些双脚跳的练习，教师向幼儿说明两条线的含义，随后，教师先扮演鳄鱼，幼儿扮演几次青蛙后，请幼儿来扮演鳄鱼。在游戏过程中，有的幼儿被发现只跳了一两下，然后就悄悄跑到了河对岸，其他幼儿提出应对这种情况加以控制，如果以后发现，就直接罚下场，大家都同意了这个提议。

（五）反思

在一次游戏中，"小鳄鱼"跑得很快，很多"小青蛙"被抓住了。教师发现，壮壮在河岸边不停地来回跑，"小鳄鱼"在河里和壮壮周旋了几圈，壮壮警惕地盯着"小鳄鱼"，始终没有往河对岸跳，"小鳄鱼"有点不耐烦，对教师说："壮壮总是不跳过来！应该把他罚下场。"壮壮听到了，显得有些无奈，跑到距离"小鳄鱼"比较远的地方准备跳过小河。"小鳄鱼"见此情形，急忙跑去抓壮壮，就在壮壮将要到达对岸的时候，"小鳄鱼"把他抓住了。下一场游戏开始后，壮壮没有在河岸边徘徊。他和他的好朋友涵涵凑在一起说了几句话，然后涵涵对"小鳄鱼"喊道："鳄鱼鳄鱼快来抓我呀！"随后，涵涵离开壮壮，快速向河岸的另一端跑去。"小鳄鱼"听见后，斗志满满地跑向了涵涵所在的方向。就在电光火石之间，壮壮一蹦，成功地跳到了河对岸。涵涵跑着跑着，停了下来，冲"小鳄鱼"做了一个鬼脸。原来壮壮在游戏中通过观察和思考，发现了一个小小的诀窍，那就是先让涵涵假装要过河，去引开"小鳄鱼"，自己趁机跳到对岸，好一个"调虎离山之计"！我们不禁为壮壮的机智拍手喝彩！

第四节　钻与爬的体能发展游戏

一、捞鱼

（一）玩法

两名幼儿面对面拉着手举高，呈渔网状，其余幼儿扮演小鱼排成一列穿过渔网，所有幼儿一起说儿歌："一网不捞鱼，二网不捞鱼，三网捞到小尾巴鱼"，说到"小尾巴鱼"时，面对面的两名幼儿把手快速放下捕鱼，被捕到的"小鱼"下场。如果参加游戏的幼儿人数比较多，则可以设置两个或三个"渔网"。

（二）准备

无。

（三）作用

锻炼幼儿正面钻的技能，激发幼儿的团队协作意识。

（四）实施

教师先和幼儿排成一列，模仿小鱼的样子说儿歌，随后教师和一名幼儿合搭渔网，其余幼儿排成一列进行游戏。在幼儿玩过几次之后，教师可以请幼儿自己搭渔网。

（五）反思

在游戏过程中经常会出现队伍中断的情况，有的幼儿在说完"二网不捞鱼"之后，为了避免自己在下一句之后被捉到，就停下脚步，想等下一句结束之后再往前游，其他幼儿发现了这个情况，纷纷向教师告状。于是大家共同商议决定，如果队伍断掉了，停下脚步的那条"小鱼"就被罚下场，这样一来，游戏得以顺利进行。

二、快乐钻钻钻

（一）玩法

两名幼儿一组，一手叉腰，一手举高搭建山洞，从最后一名幼儿开始走，走到最前面再搭建山洞，反复进行，拱门上系小铃铛，幼儿钻过70厘米的拱门，不准碰到铃铛；幼儿钻过60厘米的纸箱，注意不能碰到纸箱。一部分幼儿搭建山洞，一部分幼儿运球走过山洞。

（二）准备

拱门、平衡木、纸箱、铃铛、沙包、皮球、音乐。

（三）作用

锻炼钻的能力；掌握正面钻和侧面钻的动作要领；培养同伴之间的合作精神，让幼儿感受到胜利的喜悦心情。

（四）实施

活动前进行体能锻炼，主要进行上下肢的协调运动。幼儿自己搭建山洞，边玩边探索钻的动作要领。请动作正确的幼儿示范钻的动作，引出钻的动作要领：要低头、屈膝进行活动，幼儿再次进行游戏，熟悉钻的动作。创设情境，引导幼儿进行钻山洞的游戏。请幼儿走过平衡木，然后钻过拱门，不要碰到拱门上的铃铛。引导幼儿自由尝试进行钻的活动，教师仔细观察，对幼儿的错误动作给予纠正。幼儿容易手扶障碍物，教师可为幼儿仔细讲解动作要领以及这样做会有怎样的结果，也可请做得比较准确的幼儿示范。对于钻时背拱太高、不会低头、上身过早抬起的幼儿，教师可轻扶其头或背部，以帮助其领会动作要领，当幼儿出现低头弯腰不弯腿等现象时，教师可站在障碍物旁提醒或做平行动作帮助幼儿进行练习。在幼儿熟悉动作要领后，教师可以引导幼儿思考还可以怎样玩，引导幼儿尝试侧面钻的动作，了解侧面钻的动作要领：侧面对障碍物，下蹲，一腿向障碍物下伸出，低头弯腰，然后前移重心，转体过障碍物。在幼儿熟练掌握正面钻和侧面钻的动作要领后，引导幼儿想一想、说一说，还有什么东西可以钻以及还可以边钻边玩什么，幼儿进行了激烈的讨论，最终，他们想尝试钻纸箱和运球钻。幼儿根据自己的兴趣，自然分成两组进行游戏。在游戏中可以自由切换场地，教师细心观察并给予及时的指导和帮助。

（五）反思

幼儿在生活和游戏中都非常喜欢钻的动作。这个游戏让幼儿了解和掌握了钻的动作要领，更体会了通过两两合作的方式搭建山洞并钻过的诀窍；教师从幼儿的实际出发，及时听取幼儿意见，并给予材料上的支持，让幼儿真正成为游戏的主人。这个游戏不仅满足了幼儿对体育活动的兴趣和需要，还充分利用了户外材料，让幼儿敢于发表自己的想法，勇于参与活动，乐于挑战新的游戏形式。这个游戏以人体搭建的山洞进行游戏和活动，让幼儿在自身高度中体会钻的动作，对于幼儿来说简单易行，随时可做，有趣实用，切实地让每一名幼儿参与活动，体会到游戏的快乐。在幼儿熟悉动作要领的基础上，及时调整活动的难度，运用器械开展钻的活动，增加挑战的趣味性。这个游戏进行了合理的设计、调节，适合幼儿的身心发展特点。在游戏中，幼儿可根据自己的兴趣选择游戏，教师在活动中以支持者、引导者、合作者的身份适当介入，开展有难易层次多种选择的活动。在活动中，幼儿始终处于探索练习中，这时，教师的细心观察、有效指导尤为重要，教师既要调整好幼儿的活动量、活动密度、活动难度，又要注意个体差异，让处于不同发展水平的幼儿都能通过自己的努力，实现各自的目标。

三、蚂蚁宝宝学本领

（一）玩法

做爬行游戏，和幼儿一起练习手膝着地爬；在更长的垫子上练习，熟悉掌握行进跳的方法；蚂蚁宝宝去旅行，幼儿手膝着地爬出一段距离，并配合情境完成任务。

（二）准备

幼儿已有爬行的经验，体操垫、拱形门、大于幼儿数量的"小豆豆"、音乐。

（三）作用

能手膝着地向前爬，听指令向指定方向爬。

（四）实施

情境导入，引起幼儿参与活动的兴趣，带领幼儿做热身运动，引导幼儿说出小蚂蚁是要爬着去玩的。"要注意跟着妈妈，不要挤到别的小蚂蚁。刚才我回头的时候，看到有一只小蚂蚁爬的姿势特别好看。我们请她来示范一下。"
然后，教师强调动作要领：不低头，向前看，五指分开，手掌着地，两手两膝
交替前移。"现在我们来比赛，看看哪只小蚂蚁爬得快，两只两只一起爬，其
他的蚂蚁给他们加油！""我们爬了好久了，真累啊！来休息一下吧，转转
脚，扭腰……""在去那边的路上有一个小山洞，看看我们聪明又勇敢的小蚂
蚁们能不能过去呢？""小蚂蚁们真棒，很能干，都顺利地爬过来了，我们钻
山洞的时候，背要低，不能撞到山洞，不然就过不去了，对吗？"

（五）反思

小班幼儿对爬行游戏非常感兴趣。根据幼儿的兴趣及他们的年龄特点，整
个游戏以情境贯穿始终：幼儿能够积极参与，基本掌握了手膝着地爬的方法，
并且体验到游戏的快乐。在游戏中，幼儿非常享受爬行的快乐，在由浅入深的
游戏中，逐渐掌握了倒退爬的要领。

四、快乐的小海龟

（一）玩法

在沙滩上自由爬行，教师强调用手掌和膝盖贴在地垫上爬行。小海龟回到
岸上；小海龟尝试倒退爬。讨论倒退爬的要领：看清方向准备好，不回头，不
转身，一步一步倒退爬。根据指令找到一定颜色的地垫并退回来。引导有困难
的幼儿沿着垫子缝隙处倒退爬。请幼儿自由选择爬行的区域（有辅助直线和无
辅助直线的区域）；听海浪声拍打沙滩的声音倒退爬，声音慢响就慢慢爬，快
响就快快爬；用蓝色布条作为海浪，海浪涌向小海龟，小海龟根据海浪的速度
变速倒退爬。

（二）准备

各色地垫、海龟头饰、蓝色布条、铃鼓、松紧带、轻音乐；幼儿已基本掌
握爬的动作要领，能用手膝着地爬；户外大场地。

（三）作用

练习倒退爬，能听信号调整倒退爬的速度，感受爬行游戏的乐趣。

（四）实施

小海龟散步，跟随铃鼓一个跟着一个走，变速走。热身运动，小海龟跟随
儿歌做运动。相互介绍自己倒退爬成功的方法；跟随轻音乐模仿水中的其他动

物放松身体，最后离场。

（五）反思

小班的幼儿已经熟练掌握了手膝着地爬的方法，并且在游戏中能做到向指定方向爬。根据幼儿的兴趣及年龄特点，教师设计了这一游戏。幼儿能够积极参与整个游戏，并合理运用基本掌握的倒退爬的方法。此外，利用幼儿熟悉的游戏"小孩小孩真爱玩"改编了新的游戏儿歌，使幼儿非常容易掌握游戏方法。在引导幼儿倒退爬时，教师又采用了示范和儿歌的方法。在游戏情境的作用下，幼儿很快掌握了倒退爬的动作，并且体验到游戏的乐趣。在游戏中，幼儿非常享受在五彩沙滩上自由爬行的快乐。一开始进行倒退爬的时候，幼儿还有些不适应，特别是有的幼儿在倒退过程中会碰到同伴。通过讨论，幼儿知道了要回头看看，确定后面没有人，再倒退爬，这样就能避免碰撞，有的幼儿还想出沿着垫子拼接线倒退爬的方法。在由浅入深的游戏中，幼儿逐渐掌握了倒退爬的要领。

第五节　投与掷的体能发展游戏

一、手榴弹战争

（一）玩法

将幼儿分为人数相等的两队，每队站在自己的堡垒后。选出自己的队长，由队长带领队员们进攻。队长吹哨，双方进入进攻模式。哨声再次响起，全体队员停止进攻，去捡拾手榴弹。为了给下一次进攻创造有利条件，双方都要尽量多地抢走手榴弹。游戏可以循环进行。

（二）准备

自制手榴弹，其数量要大于幼儿的数量；纸箱若干，能搭成掩护墙，要长于15名幼儿并肩站立的长度，高度和幼儿身高相近。

（三）作用

锻炼幼儿的综合运动能力；培养幼儿勇敢、乐于接受挑战的品质，并有初步的自我保护能力。

（四）实施

刚开始，由教师来担任两队的队长，让幼儿了解进攻的节奏，并懂得如何激励自己的队友，怎样进攻才能更多地击败"敌人"。在刚开始游戏的时候，幼儿往往不能听清哨声，游戏的场面比较混乱，于是在前期建立规则非常重要，即听清哨声，进攻；听哨声捡手榴弹。还有的幼儿喜欢抓起一堆手榴弹一起投，这样不能有效进攻，效果并不好，在和幼儿探讨之后，他们发现朝一个固定的"敌人"进攻能很好地集中火力，真正打倒"敌人"。但是后期又出现了幼儿因为被打倒而不开心的情况，针对这样的问题，教师组织了一项专门的活动，让他们了解到游戏的真正目的和输赢的意义等。在游戏中，不仅幼儿的体能得到了发展，其情感社会的交往能力也有了很大提升。

（五）反思

投掷是一个基本动作。在如何克服单纯的上肢运动中，运动量、运动密度得不到保证的缺陷，提高幼儿投掷的兴趣，把单一的动作练习变得有趣味，是这个游戏面临的主要问题。考虑到幼儿的个体差异，摆设的隔离区要有一定的距离，且有高有低，幼儿自己搭建也能搭出合适的高度，有的幼儿还搭出一个"瞭望口"方便观察"敌情"。他们还能根据自己的能力，在不同的位置攻击"敌人"，同时他们也尝试挑战到难度大的位置发起进攻。每个幼儿都在自己原有的基础上有所发展。

最大限度地挖掘幼儿的主体性是设计游戏时要解决的另一个问题。通过游戏，充分调动幼儿的主体性，从道具的摆设到整理都是幼儿完成的，他们甚至非常喜欢这样的安排，让他们有一种被尊重、被重视的感觉。在游戏的过程中，他们要和队友合作，商讨策略，共同想办法打败"敌人"，还要尽量躲避对方的进攻。用什么方法合作完成任务也由幼儿自己决定。此外，情感的体验、个性品质的培养也贯穿整个游戏之中。幼儿勇于克服困难，接受挑战，能正确地对待输赢，有自我保护的意识等都能在运动中有所体现。

二、打怪兽

（一）玩法

教师将透明雨伞倒过来拿着，按照一定速度行进，幼儿把沙包投进雨伞，根据幼儿的投掷水平，投入5~10个沙包，怪兽就被打败离场。

（二）准备

沙包、透明雨伞。

（三）作用

能够进行肩上挥臂投，增强力量，体验打败怪兽的成功感。

（四）实施

以"怪兽"的形象切入，幼儿扮演小战士的角色，一起打怪兽，拯救小动物，向雨伞内投入沙包。"怪兽"被打败以后，很颓废地退场，激发幼儿的成就感。

（五）反思

"怪兽"是动画片里常出现的形象，以怪兽为投掷目标，能够激发幼儿投掷的兴趣和热情，增强幼儿的力量和耐力。在游戏过程中，成人也要和幼儿一样投入游戏，用自己的游戏热情感染幼儿。在游戏中，有的幼儿不知道如何借力，比如投掷时没有侧身，用右脚蹬地。教师发现后，以游戏的口吻告诉幼儿："根据队长多年的战斗经验，这样才能更准确地打中怪兽。"以此来帮助他们找到正确的投掷姿势。

三、打雪仗

（一）玩法

幼儿分为红、蓝两队，在各自的"营地"里做准备。游戏开始后，双方从起始线出发。幼儿用手制作雪球并扔向对方（提醒幼儿不要砸到同伴的面部），被雪球砸中者出局，首先冲入敌方营地夺取小旗的队伍获胜。

（二）准备

红旗一面、蓝旗一面。

（三）作用

锻炼手部肌肉群，增强上肢力量，培养团队协作意识。

（四）实施

教师先给予幼儿充分的自由，让他们尽情地玩雪，在玩的过程中，幼儿能够熟悉雪的特性。教师请幼儿尝试把雪揉成球，教师向幼儿说明游戏的规则，并提醒幼儿注意安全。

（五）反思

有些家长担心幼儿在冬天去户外玩耍容易着凉生病或者发生其他意外，但更多的人能够用理性的态度去面对这个问题，并积极地给幼儿提供支持，帮助幼儿在做好自我保护的前提下，感受冬天玩耍的快乐。幼儿在未来的人生中总要经历炎热的夏天、寒冷的冬天，甚至更严峻的天气，我们有必要从小培养他们不怕冷、不怕热、不怕累的顽强品质，让他们有足够的经验和能力去适应多变的天气甚至人生。而且，幼儿非常喜欢下雨、下雪等自然现象，在条件允许的情况下，我们应该给予幼儿更多的机会去接触丰富多变的自然现象。"打雪仗"这一传统游戏经过重新设计，能够帮助幼儿建立团队合作意识，也能提高其全身的协调性和灵活性，是一种综合性比较强的体育游戏。

四、降落伞的旅行

（一）玩法

准备自制的降落伞或塑料袋若干，三种不同重量、不同材质的夹子。运用观察比较的方法，探索降落伞降落速度与垂吊物重量之间的关系，并做记录。

（二）准备

自制降落伞、塑料袋、不同材质的夹子、记录表。

（三）作用

喜欢参与科学活动，体验玩降落伞的乐趣；提高观察和动手操作的能力。

（四）实施

引导幼儿学习运用正确的比较方法，感知相同材料制作的降落伞，是否降落速度相同。教师准备了塑料袋和夹子，提出活动要求：每个人用塑料袋制作一个降落伞，并和好朋友比一比，看看两个降落伞是不是落得一样快；幼儿自主开展探索活动：教师引导幼儿思考，是大的降落伞慢还是小的降落伞慢？如果两个降落伞大小一样，比较哪个更快下来，想想怎样才公平呢？幼儿自主探索降落伞的玩法，每个幼儿发一个降落伞，自由组合，看谁的降落伞飞得高。幼儿找同一高度的地方进行比赛，看谁的降落伞落得慢，并记录结果。游戏结束后，教师和幼儿一起讨论，为什么小的降落伞一下子就降到了地面，而大的降落伞是慢慢地飘下来？

（五）反思

这是以幼儿自主操作为主的科学探索游戏，幼儿积极参与其中。在师幼共同探讨制作方法之后，教师还强调幼儿在制作过程中要注意绳子长度及大小与降落速度的关系。在自主操作环节，让幼儿自己尝试进行记录。在试玩环节，给予幼儿更多的探索空间，让其发现、感受这种现象。

第六节　平衡与综合的体能发展游戏

一、金鸡独立

（一）玩法

在角色游戏中练习单脚站立；左右脚交替单脚站立；以另一脚落地为结束，比一比谁站的时间长；脚踩在一定的标记上，比一比谁站得稳。

（二）准备

头饰、垫子、大圈、小圈、泡沫垫。

（三）作用

通过有趣的游戏活动，练习金鸡独立的动作；在游戏中培养幼儿不怕苦、不怕累的良好品质。

（四）实施

队列练习（原地踏步、大圆、高人走、矮人走、便步走、解放军走、切断分队、四路纵队）；热身操（头部运动、上肢运动、下肢运动、体侧运动、腹背运动、跳跃运动、整理运动）；角色扮演，引起兴趣。

教师对幼儿说："我是鸡妈妈，你们来做我的小鸡好不好？你们知道小鸡都有哪些本领吗？"先请幼儿自由探索，分散练习。然后请幼儿集中，教师示范：一条腿抬起来，两条腿要靠拢，抬头挺胸，手臂伸直进行游戏"狐狸捉小鸡"。教师介绍玩法：当遇到"狐狸"时，要金鸡独立，请"小鸡"站在石头上，这样"狐狸"就害怕了。

（五）反思

这一游戏重在发展幼儿的平衡性，其本身的运动量比较小，要特别注意这一点。在游戏开始环节，可以进行一些队列练习、热身操等，对幼儿的腿部肌肉进行初步的锻炼，也为之后单脚站立打好基础，充分达到让幼儿热身的效果。在初次游戏时，可以通过幼儿尝试、个别幼儿示范、讨论动作要领等方法帮助幼儿学习单脚站立3秒的动作要领。在活动中，教师通过游戏的形式来提升幼儿单脚站立的稳定性，爬、钻、跑、跳等基本动作贯穿整个游戏，也是为了增加幼儿的运动强度。在第一轮游戏中，幼儿因为有些紧张情绪，所以失败现象较多。但在第二轮游戏中，教师帮助幼儿稳定情绪，并且引导幼儿体会动作要领，大多数幼儿已经能单脚站立5秒以上。

二、种子旅行

（一）玩法

将若干个竹蜻蜓插在泡沫球上作为蒲公英种子。幼儿取下种子，双手伸直，把种子下面的竹棍夹在双手手心，逆时针迅速转动竹棍，然后松开双手，这样种子就会飞起来。再捡起来，重复上述步骤，游戏结束时，将种子捡回，插到泡沫球上。

（二）准备

竹蜻蜓若干、泡沫球。

（三）作用

能通过搓的动作让种子飞起来，感受放飞种子带来的快乐。

（四）实施

教师介绍材料和玩法。户外游戏前放好材料，教师问幼儿："那是什么呀？好像蒲公英的种子，我们让它们飞起来去旅行吧。"于是教师放飞种子，请幼儿进行尝试。

（五）反思

竹蜻蜓是中国的传统玩具，我们这个游戏是传统"竹蜻蜓"游戏的一种变形，目的是让幼儿在游戏情节中放飞和收回蒲公英种子。"种子旅行"的游戏不仅可以锻炼幼儿手部的肌肉，更可以激发幼儿的好奇心："为什么种子会飞出去呢？"随着幼儿年龄的增加，我们还可以在美工区投放材料，进行种子的制作与装饰活动。

三、球球大作战

（一）玩法

4～8名幼儿为一组，用手向上颠球，保持球不落地，坚持时间最长的小组获胜。

（二）准备

直径80厘米的皮球、背景音乐。

（三）作用

锻炼幼儿上肢力量和手眼协调的能力；培养幼儿团结协作的精神。

（四）实施

首先为幼儿提供大皮球，供幼儿自主玩耍，给予幼儿足够的时间和机会，让他们根据自己的经验和想象发明大皮球的玩法。由于幼儿自创的游戏规则性较差，因此教师与幼儿一同商量，共同制定游戏的规则，幼儿参与制定规则环节，不仅能够让幼儿更好地理解游戏规则，还能培养幼儿的规则意识，随后根据幼儿人数进行分组，播放音乐，游戏开始，大皮球落地，则游戏结束。根据场地大小调节游戏方式，若场地较小，可以一组一组进行，其他组为其数颠球的数量，数量最多的小组获胜；若场地较为宽敞，可以所有小组同时进行，大皮球最后落地的小组获得胜利。

（五）反思

游戏就是幼儿借助各种物品，通过身体运动和心智活动探索周围世界的活动，游戏不是单纯的教师告诉幼儿怎样玩，而是幼儿自主探究与发现的过程，教师要给予幼儿充分的时间与机会，让幼儿自己去探索游戏玩法，这样的游戏才更有吸引力。幼儿在"球球大作战"中，体验到了集体的意义、合作的力量，这比教师告诉他们"团结就是力量"要更易于接受。同时，幼儿在轻松愉悦的游戏中也获得了与同伴交流的机会。

四、地垫大闯关

（一）玩法

单脚或双脚向前跳，踩上跳跳宝在地垫上前进，踩着高跷一步一步向前走。

（二）准备

空心地垫若干、跳跳宝若干、高跷若干，幼儿能够熟练地玩跳跳宝和高跷。

（三）作用

增加幼儿对跳跃运动的兴趣；掌握单双脚连续向前跳的动作要领；锻炼幼儿的跳跃能力及平衡能力；使幼儿在活动中养成勇于克服困难、挑战自我的品质。

（四）实施

请幼儿观察地垫，说一说地垫怎么玩，并试一试。请幼儿用自己喜欢的方式进行游戏。之后拿出跳跳宝和高跷，请愿意挑战的幼儿来尝试，与幼儿一起说一说游戏中应该注意什么。最后请幼儿自主游戏。对于不敢挑战的幼儿，可以请他先在旁边观察，然后尝试难度较小的玩法，并且及时给予鼓励。

（五）反思

最初，幼儿的兴致很高，在玩了一段时间以后，他们开始尝试自己去拼地垫的路线，并且主动问教师有没有小一点的地垫，用来增加路线的难度，幼儿在游戏中开始动脑筋，不但锻炼了身体，还开发了智力，增强了意志力和挑战精神。

五、小鸟学本领

（一）玩法

教师扮演鸟妈妈，幼儿扮演小鸟。创设小鸟向妈妈学本领的情境。"鸟妈妈"带领"小鸟"在区域一（橘色部分）练习保持平衡，从起点出发，走过平衡木，以不落地为目标。学完平衡后，说明区域二（蓝色部分）为喝水区域，"小鸟"要快飞快喝，且不掉到水里，一个梅花桩为一个喝水点，"小鸟"快速跑到一个梅花桩处，弯腰做喝水状，再快速变换方向到下一个梅花桩处喝水。学完喝水本领后，"小鸟"来到最后一个区域（红色部分）进行捉虫子练习，拿出筐内的一个"虫子"，双脚并拢连续向前跳过障碍，将"虫子"运到家中即可。练习结束后，请"小鸟"分成四组，开始本领比拼。

（二）准备

平衡木、圆柱障碍四组（每组五个）、口哨一个、音乐《小鸟小鸟》。

（三）作用

掌握通过平衡木时保持身体平衡的方法；乐于参与游戏，养成不怕困难的良好品质。

（四）实施

教师创设情境，引入游戏："我们来玩个游戏，我是鸟妈妈，你们是小鸟，小鸟来和鸟妈妈学本领，好不好？"热身运动："跟着鸟妈妈做运动，小鸟小鸟一起来，转转头，扭扭肩，扇扇翅膀，转转腰，扭扭膝盖，转转脚。"熟悉平衡木："我看小鸟们都准备好了，那我们就去学本领吧。"（吹口哨，幼儿站到平衡木两侧）探索走平衡木的方法："小鸟们要想学会飞，先要学习在大树枝上保持平衡，你们愿意试试吗？好，那一定注意安全哦！请小鸟们开始吧！"观察走平衡木的最佳方法，说一说保持平衡的方法儿歌，并进行尝试。幼儿走两轮或三轮后，请掌握动作要领的小鸟进行示范，表扬他的动作，引出动作要领小儿歌"翅膀张开，膝盖弯，双脚外八，稳如山"。对方法得当的幼儿给予肯定，并请其作为榜样为大家做示范。对方法不当的幼儿给予引导，鼓励其观察他人，并通过儿歌提示他，逐步引导其掌握平衡的方法。对于不敢尝试的幼儿，可以扶着他努力尝试，并请大家为幼儿加油鼓劲。

幼儿练习结束后，开始本领比拼游戏，以巩固走平衡木的方法。说明比拼规则："小鸟们"会在树枝上保持平衡，还要会在河里喝水，但要记得，喝水时要快，不能把羽毛打湿了。最后，"小鸟们"要把食物运回鸟巢里。比一比哪队"小鸟"运得快。请幼儿比拼一轮后，分出优胜队，表扬守规则的幼儿。通过比拼，"小鸟们"都有了很大的进步，奖励幼儿玩一会儿，如皮球、沙包、高跷、跳跳宝等。当然，也可以继续练习走平衡木、喝水、运食物等。

（五）反思

游戏基本达到了预期的目标，幼儿掌握了通过平衡木保持身体平衡的方法，绝大部分幼儿能身体平衡地走过平衡木。在活动过程中，幼儿表现出了积极愉快的情绪，但本次活动的一个核心问题是"体育活动目标与情境的融合"。开始时，为了让幼儿说出他们是小鸟的角色，教师将自己定义为大鸟，经过讨论后发现，这不符合实际经验，于是重新定义自己为鸟妈妈。另外，平衡木的高度和长度应根据幼儿年龄特点加以适当调整。

六、抬花轿

（一）玩法

两位家长一起抬着幼儿坐轿子，将幼儿从一端平稳安全地送到另一端，要求安全、平稳，速度要快。

（二）准备

无。

（三）作用

提高幼儿和父母的合作能力，培养亲子之间的感情。

（四）实施

教师引导两位家长配合搭好轿子，让幼儿以最佳姿势坐在上面，保证安全、平稳，家长和幼儿一起完成游戏。对于配合得非常好的家庭，可以组织他们完成比赛：鼓励他们一起合作，完成游戏。

（五）反思

在玩游戏的过程中，青青一家配合得很好，速度很快，两位家长将宝宝快速地送到了地方。而琪琪由于身体太重，拖延了时间，家长想出让琪琪直接坐在自己手上的方法，这样既节省时间，又能保证安全。

七、喂鸡宝宝吃虫子

（一）玩法

幼儿捉一只"虫子"，翻过山坡（滑梯）、爬过草地（绿垫子）、钻过山洞（拱门）去喂"鸡宝宝吃虫子"，根据"鸡宝宝"嘴巴的形状，喂相应形状的虫子。

（二）准备

滑梯、爬行垫两个，拱门三个或四个，小鸡造型的箱子两个，海绵纸剪成的小虫若干，幼儿有钻、爬经验。

（三）作用

在"喂鸡宝宝吃虫子"的游戏情境中，幼儿的钻、爬等技能得到了锻炼；幼儿可以体会到成功喂"鸡宝宝吃虫子"的喜悦和快乐；能够分辨三角形、正方形、圆形和长方形。

（四）实施

教师和幼儿一起跟着儿歌模仿小鸡走路，走到"小虫"前，教师提问："鸡宝宝喜欢吃什么呢？你们发现这些小虫有什么不同？"引导幼儿发现"小虫子"头部的形状是不一样的，有正方形、三角形、圆形和长方形。

激发兴趣："对面有许多鸡宝宝，它们都想吃虫子，可是这里有山坡、草地，还有山洞，鸡宝宝太小了，不敢过来，我们把小虫子给它们送过去好不好？你们翻过山坡，爬过草地，再钻过山洞，就到鸡宝宝家了，勇敢的宝贝们，出发吧！注意每次只能捉一只虫子。"幼儿回到鸡宝宝身边后，教师提问："你们发现这些鸡宝宝有什么不一样了吗？（引导幼儿发现鸡宝宝嘴巴形状的不同）看看你们手中的小虫子是什么形状的，把与鸡宝宝嘴巴形状一样的小虫子喂给鸡宝宝吧！"

（五）反思

游戏"喂鸡宝宝吃虫子"是一个户外自选游戏，这个游戏的目的是在有趣的游戏情境中锻炼幼儿钻、爬的综合能力，是在幼儿有一定钻、爬经验基础上进行的。起初设计的是"小鸡捉虫"，幼儿扮演小鸡，捉到虫子后，把虫子放在一个容器里，然后运回家。经过一段时间观察，发现幼儿兴趣不大。由于小班幼儿以具体形象思维为主，喜欢颜色鲜艳、大的卡通形象以及情境游戏，于是对游戏情境进行改良，用纸箱和卡纸制作了几个可爱的小鸡形象，并把嘴的位置挖开，请幼儿捉到虫子以后来喂小鸡。果然，幼儿十分感兴趣，选择这个游戏的幼儿越来越多。随着教学的推进，教师又对小虫造型做了改进，把小虫的头部剪出一个形状，把小鸡的嘴巴也做了改进，不仅有圆形的，还有三角形、正方形和长方形的，这样，幼儿在喂小鸡吃虫的过程中，还可以进行形状的匹配，实现在户外活动中发展幼儿综合能力的目标。幼儿玩起来更加感兴趣，自言自语地说着："我再喂鸡宝宝吃一个三角形的虫子！"虽然是重复的钻爬活动，但教师赋予游戏生动有趣的情境后，幼儿非常乐于参与，在愉快的游戏中发展了钻爬能力和分辨图形的能力。

第四章

创意多玩性游戏

在开展创意多玩性游戏过程中，多样的体育器械为其提供了有效保障。通过开展一物多玩游戏、创意性游戏、自主创新游戏等多样化的创意游戏，不仅可以增强幼儿的身体机能，还能通过游戏中的深度学习，有效提升幼儿的探索欲望，激发幼儿参加体育活动的兴趣，以开拓幼儿的思维，让幼儿在游戏中充分发挥想象力和自主性，这也为幼儿成长为一个完整的、自由的人打下了良好的根基。

第一节　一物多玩游戏

一、布飞盘转转转

（一）玩法

玩法一，将幼儿平均分成两队，每名幼儿手持一个布飞盘，一队幼儿听到游戏开始的信号后，将布飞盘向上抛到布标上；另一队幼儿用手里的布飞盘在布标下方将其击落在地，先完成的一队胜出。

玩法二，全班每两名幼儿为一组，四散在场地上，一名幼儿手持布飞盘为抛者，另一名幼儿为数数者。教师发出"抛高"（高度低于头为抛低，高度高于头为抛高）的信号。手持布飞盘的幼儿连续向上抛高并接布飞盘，如果飞盘落地，可拾起继续抛接，另一名幼儿在旁边计数。教师控制游戏时间，发出停止游戏的信号，两名幼儿交换，另一名幼儿抛接布飞盘。同一时间内抛接飞盘个数最多者为胜。

玩法三，将幼儿分成人数相等的两队，每队幼儿面对面错位站立，队首幼儿手持布飞盘。教师发出信号，队首幼儿将飞盘抛给斜对面的队首幼儿，下一名幼儿再向斜前方抛给下一名幼儿，依次抛接，直到最后一名幼儿，幼儿向上举起飞盘即获胜。

（二）准备

布飞盘若干，活动场地适宜的地方上方悬挂宽度不小于30厘米的布标若干条。

（三）作用

练习抛接、抛高、抛远、抛准等多种技能；能积极动手、动脑，在游戏中探索布飞盘的多种玩法。

（四）实施

最初在户外活动时，幼儿发挥想象力，探索布飞盘自身的多种玩法：有的将布飞盘顶在头上或弯腰放在后背上比谁走得远、走得稳；有的站在起点线上比谁扔得远；有的比谁扔得高；有的两两一对练习抛接；等等。经过了一段时间，幼儿觉得只用布飞盘的玩法太少。于是，幼儿针对什么材料可以与布飞盘相结合进行了讨论，并在游戏里加入了比赛的环节。

（五）反思

幼儿在一物多玩游戏中可以自主决定怎么玩。该游戏可解放幼儿的头脑，让他们自己去思考，教师的任务就是"退后一步"。正是这种处理方式，使幼儿在活动中有了相对自由的空间，得以进行自主的学习。在引导幼儿探索布飞盘的玩法时，幼儿跃跃欲试，每个人都把布飞盘玩出了许多花样。其中，有几个幼儿将布飞盘朝别人的脸上扔，教师发现后，马上走过去："你们这是玩的什么游戏呀？""我们在玩飞盘砍人的游戏。""你们的想法真棒，我也玩一玩。"这时，教师站在那里让他们"砍"，然后故意说："哎哟！我的脸，我的眼睛好痛呀！"在教师的引导下，幼儿认识到了这种玩法的危险性，于是，他们重新动脑思考改进了"飞盘砍人"的玩法。只有把游戏的主动权交给幼儿，他们才能最大限度地发挥自己的潜能，其创造力才能得以体现。通过一物多玩，教师看到了幼儿的聪明智慧，发现了他们的激情与挑战精神。我们要欣赏幼儿，相信幼儿会体会到一物多玩的真正乐趣。

二、好玩的塑料瓶

（一）玩法

玩法一，S形跑。把六个瓶子间距0.5米左右纵向摆成直线。幼儿采用S形跑的形式越过瓶子，并按原路返回起点。

玩法二，两人或三人追逐跑。将塑料瓶子随意摆放位置，每个瓶子间距0.5米左右。2~3名幼儿追逐跑，尽量不要碰倒瓶子。

玩法三，打保龄球。按前三中二后一的形式摆放六个瓶子。幼儿用纸球投掷瓶子，距离可以随机定，然后幼儿扶正瓶子，看看谁能把瓶子都打倒。

玩法四，室内套圈圈。幼儿站在规定的线外，从手中水平抛出一个圆圈，圆圈落下后套中前方的塑料瓶。

玩法五，抛接球。将废旧塑料瓶裁剪一半，将有瓶盖的一段留下，并用透明胶带包边，和沙包黏合到一起。将松紧带另外一头系紧到瓶口处。幼儿甩起沙包，将沙包投掷进可乐瓶大口则为成功。幼儿进行抛接球比赛，看规定时间内谁抛进得多。

玩法六，拧瓶盖。准备小盆子、各种塑料瓶（连同其对应的瓶盖）。事先把所有瓶盖拧下放在一个小盒子里，请幼儿把瓶盖和其对应的瓶子配对并拧好。

玩法七，单双脚交替跳。跑道上纵向放置六个瓶子，间距为0.5米左右。幼儿分为四组，先双脚跳跃前四个瓶子，再单脚跳绕过两个瓶子，并按原路返回。

（二）准备

若干废旧塑料瓶。

（三）作用

利用塑料瓶子，引导幼儿一物多玩，激发幼儿的活动兴趣；发展幼儿曲线跑、跳跃、投掷、抛接、拧等基本动作的能力，提高幼儿的动作灵活性。

（四）实施

播放音乐，幼儿持瓶随着音乐跟着教师或自己随意创编各种动作。幼儿自由探索瓶子的多种玩法，活动中提醒幼儿可以和小伙伴一起合作游戏。重点练习绕过瓶子S形跑的技能。

（五）反思

通过让幼儿玩饮料瓶来提高幼儿进行废物利用的兴趣，鼓励一物多玩，激发幼儿的创造性。本次游戏的设计是让幼儿利用好废旧物品大胆地玩起来，发展创造性思维；在游戏中，要加强幼儿的团队合作意识，使幼儿真正做到在玩中学。

三、好玩的沙包

（一）玩法

玩法一，乌龟背壳爬。

玩法二，小白兔夹沙包跳。

（二）准备

沙包。

（三）作用

提高幼儿动作的协调性、灵敏性、准确性以及培养幼儿的耐力；练习幼儿双腿夹物跳的动作。

（四）实施

玩法一，学习小乌龟背着沙包爬，对于能完成小乌龟背着沙包爬的幼儿，提醒他在快爬的过程中不要把乌龟壳弄掉；对于不能背着沙包爬的幼儿，尝试给他一个大一点的沙包，便于他掌握平衡，进行爬行练习。

玩法二，幼儿学习小白兔夹着沙包双腿跳，在跳的过程中，沙包不能落地。对于能完成夹着沙包跳的幼儿，提醒他在快跳的过程中不要把沙包弄掉；对于不能夹着沙包双腿跳的幼儿，让他尝试夹着沙包慢慢地跳，不要着急，双腿并齐往前跳。

（五）反思

幼儿在玩"乌龟背壳爬"的游戏中，自由结合，玩起了比赛，乌龟赛跑，看谁能快速地将乌龟背上的沙包运到对面的篮子里。在整个过程中，幼儿自己制定规则，完成游戏。在玩"小白兔夹沙包跳"的游戏中，龙龙总是夹不住沙包，于是教师给他换了一个大一点的沙包，告诉他慢慢跳，然后逐步换成小沙包，让他再次尝试，最后完成了小白兔夹沙包跳。

四、小小乌龟壳

（一）玩法

玩法一，将乌龟壳壳顶朝上摆放在地上，幼儿站在壳顶，像小兔子一样从壳顶跳下来。

玩法二，幼儿站在壳顶，说木头人的儿歌，说完后，身体保持不动，看谁坚持的时间长。

玩法三，将乌龟壳壳顶朝上摆成一条线，幼儿依次从上面走过；或者在乌龟壳之间留出足够的空隙，幼儿可以S形走、跑、跳。

玩法四，将乌龟壳壳顶朝上，幼儿坐在壳里，两手撑地，两脚交替蹬地，让乌龟壳带动幼儿转起来。

（二）准备

乌龟壳每人一个。

（三）作用

锻炼身体的平衡能力和灵活协调能力；根据材料特点，积极动手、动脑探索不同的玩法。

（四）实施

向幼儿介绍材料，请幼儿说一说它的形状、样子像什么。幼儿自主探索玩法，并介绍自己想到的玩法是什么。请全体幼儿都试一试自己的方法，对于幼儿的大胆探索，教师给予积极肯定。为增加游戏的趣味性，可以根据玩法配一些音乐，让幼儿以音乐为指令进行游戏。

（五）反思

在游戏中，教师先引导幼儿观察材料，从材料性能着手，从不同角度进行观察，再通过试一试、玩一玩，使玩法层出不穷。当然，不是每一位幼儿都能发现好的玩法，而是需要教师给予恰当的帮助，让幼儿主动、大胆地将自己发现的新玩法展示给同伴，使切实可行的新玩法得到推广，让幼儿体验到成功的喜悦，让更多的幼儿学会这种玩法。在户外自选游戏中，乌龟壳是幼儿最喜欢的材料之一。它的多变性吸引着幼儿，在游戏中，每次幼儿都可以探索出新的玩法。有的幼儿把乌龟壳举过头顶，练习手臂的耐力；有的幼儿把乌龟壳盖在头上当作帽子，边晃动头边保持"帽子"不掉下来。幼儿在不同的玩法中锻炼了不同的技能，音乐的介入极大地提高了幼儿的游戏兴趣。

五、踢毽子

（一）玩法

玩法一，踢绳毽（毽子上面拴一根绳子），幼儿手持绳端，用脚的内侧、外侧或两脚交替踢毽。

玩法二，一踢一接毽子（鸡毛毽），用手托毽子，轻轻上抛，用一脚内侧踢毽子，再用手接住，如此反复抛、踢、接的动作，还可以用手、脚、大腿等接毽子。

玩法三，连续踢毽子，用脚内侧或外侧连续踢毽子，使毽子不落地，也可以两脚交替连续地踢毽子。

玩法四，集体踢毽子，两人、三人或多人围成圈，交替或轮流踢毽子，使毽子不落地。

（二）准备

带有绳子的各色毽子、不带绳子的各色毽子、带有绳子的各色轻沙包（体积比毽子大）若干。

（三）作用

增强腿部力量，提高动作的灵敏性、协调性、准确性，锻炼平衡能力。

（四）实施

请幼儿选择自己喜欢的毽子，并尝试玩法。各自介绍自己想出的玩法，并示范踢毽子。讨论踢毽子的要领：手要拿稳绳子，弯曲膝盖向外踢，毽子回来的时候出脚。根据要领，各自练习踢毽子，感到有困难的幼儿可以选择大一些的带绳沙包。分组比赛，踢中次数最多的一队为胜，听信号整理玩具，放松活动。

（五）反思

此游戏所用的玩具、材料制作简单，安全性高，收放方便，不受地域、环境的限制，能满足雾霾天气下室内体育锻炼的需要；投放的材料具有差异性（有绳毽、无绳毽、小沙包），可以满足不同水平幼儿的发展需要，有效地提高了幼儿手眼协调配合的能力以及全身动作的灵活性、协调性。

六、赶小猪

（一）玩法

玩法一，曲线赶球，教师布置画有圆点的场地，幼儿手持赶猪棒进行曲线赶小猪，比一比哪位幼儿的小猪最听话。

玩法二，运球，将幼儿平均分为两组，每组第一个幼儿用赶猪棒将小猪赶到第二个幼儿跟前，第二个幼儿用同样的方法将小猪赶到第三个幼儿跟前，依次进行，最先到达终点的小组为胜。

玩法三，幼儿站在起点，教师口哨一响，幼儿手持赶猪棒追赶小猪，将小猪赶到家中，看哪个幼儿又快又准。

玩法四，幼儿带领小猪走出场地，如遇到障碍物，注意绕行或改变方向，带领小猪穿越障碍物，抵达终点；注意只能用球拍推赶球滚动前进，不能击球。要将球推进圆圈，然后交接球拍。球的大小和滚动的距离可按幼儿的实际能力而定。

（二）准备

自制小猪一个（根据幼儿年龄特点调整球的大小）、赶猪棒（报纸棒、废旧的羽毛球拍，根据幼儿年龄特点调整大小）。

（三）作用

锻炼幼儿手眼协调的能力，在游戏过程中学习与同伴友好相处，共同完成任务。

（四）实施

幼儿手持赶猪棒，赶着小猪往前走，看谁的小猪走得又快又稳。幼儿分组接力，第一个幼儿赶皮球到小椅子旁边，抱起皮球绕过椅子跑回来交给第二个幼儿，看看哪一队先完成。幼儿初次尝试练习，教师先请两名幼儿说说刚才自己赶小猪的感受和想法，再请做得较好的幼儿来说说自己的做法，请幼儿比较分析，教师帮助引导幼儿归纳出赶小猪的动作要领，幼儿在指定区域再次练习赶小猪，加深对动作要领的体会。

用竞赛方式练习：把幼儿分成两队进行赶小猪比赛。在活动过程中，最难的是让幼儿使用工具让小猪按照线路运动，如小猪跑到别的地方或者小猪没有按照规定的线路前进等，幼儿不自觉地用小脚小手去追赶小猪，最好让幼儿先熟悉怎么赶小猪，已经熟练后，再尝试直线、曲线，直到最后跨过障碍；这个游戏也可以请家长参加进来，增加亲子之间的互动。

（五）反思

幼儿活泼好动，他们喜欢跑、跳，对体育游戏特别感兴趣，这个游戏旨在锻炼幼儿持物控球走、跑的能力，游戏以小猪要去旅行来激发幼儿参与活动的热情；然后把幼儿带入活动。在活动中，幼儿对赶小猪用的棒棒很感兴趣：有的幼儿拿到手便开始挥舞，兴奋得不得了，由于想象丰富，幼儿将棒棒想成其他的玩具进行游戏，这样很快就耗损了材料，而且容易伤到其他幼儿。主要原因是幼儿还没有很好的自控能力，于是要在一开始让幼儿充分地熟悉材料，了解材料的用法，再进行游戏。此外，还有个别幼儿动作不协调，出现了或踢或扔的现象，后期幼儿掌握的情况较好，可以将活动拉开层次，既可以让大部分幼儿喜欢并有能力玩，也可以让能力强的幼儿认为游戏具有挑战性。

第二节　创意性游戏

一、好玩的彩虹伞

（一）玩法

玩法一，认识七彩颜色。一边说儿歌"走走走走走，走个圆圈像皮球"，一边按节奏拍手围圈在彩虹伞的边缘走。加快念儿歌的速度，教师快速说出彩虹伞的某种颜色，幼儿找到并坐在相应颜色的地方。

玩法二，蒙古包。家长和教师抓住彩虹伞的伞边，听教师的口令"一举高，二放手，三举高"，教师喊到四的时候，家长和幼儿一起到伞下并坐到伞边上。

玩法三，空中飞舞。家长带着幼儿一同来到彩虹伞下，当伞儿飘低时，幼儿和家长低着头走一走；当伞儿飘高时，幼儿踮起脚尖或跳起来摸彩虹伞；伞儿落下时，家长带着幼儿一同跳出彩虹伞。

玩法四，小鱼游。请一部分幼儿当作小鱼在彩虹伞下面游来游去，家长、教师和其他幼儿拉住彩虹伞当作捕鱼者。大家一起说儿歌："小鱼小鱼哪里游？小鱼小鱼水里游。小鱼小鱼你想出去玩玩吗？我想出去玩一玩。你想出去不容易，今天一定要出去。"当说到"今天一定要出去"的"去"字时，扮作小鱼的幼儿向外游，捕鱼的人蹲下，用彩虹伞捕鱼。教师说明游戏规则：小鱼只能在彩虹伞下面游，中途不能离开彩虹伞，当听到最后一个"去"字时，才能冲出彩虹伞。

玩法五，卷麻花白菜。教师和家长、幼儿一起站到伞边，念儿歌："卷、卷、卷白菜，卷成一个小白菜。卷、卷、卷白菜，卷成一个大白菜。洗、洗、洗白菜，洗完白菜我切白菜。切、切、切白菜，切完白菜我炒白菜。炒、炒、炒白菜，炒完白菜我吃白菜。"在说儿歌时，一起晃动彩虹伞，感受其中的乐趣。然后一起往中间卷，感受彩虹伞由大变小的过程。

（二）准备

彩虹伞。

（三）作用

锻炼幼儿的反应能力和专注力，能准确辨别各种颜色；能听指令做游戏，并了解空气可以让彩虹伞膨胀；在游戏过程中，幼儿的视觉、触觉都得到了刺激和发展；幼儿能够按照游戏规则进行游戏，体验游戏的快乐。

（四）实施

玩法一，用一首有趣的儿歌引起幼儿的兴趣，围着彩虹伞的外沿拍手走。在游戏时，说儿歌的节奏越快，对幼儿专注力的要求就越高。对于能专注地随着教师一起游戏的幼儿，鼓励他说儿歌，并带动其他幼儿一起游戏；对于不能专注游戏的幼儿，可以变化儿歌的内容和游戏的形式来吸引幼儿的注意力。如走路可以选择不同小动物的行走方式，可以分性别选择不同的颜色。

玩法二，用儿歌的形式引起幼儿的兴趣。在游戏时，幼儿跟着教师一起举起或放下彩虹伞。当幼儿没有及时坐到彩虹伞边缘的时候，让幼儿观察彩虹伞的大小，如果想让彩虹伞变得更大，就要及时坐下来。在撑起彩虹伞的时候，幼儿要一起用力向上举，提醒幼儿合作的重要性。

玩法三，抖一抖彩虹伞，让幼儿愿意用手去触摸它。对于不敢去触摸彩虹伞的幼儿，用情绪带动他们，让他们快乐地游戏。这个游戏让幼儿在抖彩虹伞的过程中，获得视觉、触觉的体验。

玩法四，和幼儿讲"小鱼游"的游戏规则。在玩游戏过程中，有的幼儿忘记了规则，可以暂停游戏。当幼儿观看其他幼儿做游戏并懂得规则以后，再加入彩虹伞游戏。

玩法五，通过儿歌引导幼儿游戏。当幼儿参与"卷白菜"的游戏时，对于卷得慢的幼儿，可以让他以儿歌为主，大声说出儿歌；对于卷得好的幼儿，鼓励他快速地卷白菜。

（五）反思

在玩"找颜色"的游戏中，幼儿刚开始玩的时候还能跟着教师一起游戏，后面就失去了兴趣。于是，教师调整了游戏的形式，从简单的走路变成小动物蹦跳，并提出不同幼儿寻找不同的颜色，幼儿又高兴起来。在游戏中，教师要时刻从幼儿的兴趣出发，根据幼儿的年龄特点，发现问题，解决问题，让幼儿在游戏中快乐健康地长大。在游戏过程中，有的幼儿会因为过于兴奋而没有按照游戏规则进行游戏，我们可以对遵守游戏规则的幼儿进行表扬和鼓励，给其他幼儿做出榜样。让幼儿在游戏中体验快乐。在一次游戏中，一名幼儿因急于逃出彩虹伞，在听到"去"字之前就跑了出来。于是，教师再次调整了游戏形式，请幼儿先熟悉游戏儿歌和规则，再玩游戏。在玩"彩虹伞""卷白菜"的游戏时，有的幼儿动手能力比较差，卷不好白菜，教师便引导其他幼儿与其一起卷，让其体会合作完成游戏的乐趣，并鼓励其动手完成这一游戏。

二、皮筋跳跳跳

（一）玩法

玩法一，三人为一组，两名幼儿扯皮筋，一名幼儿跳皮筋。跳皮筋的幼儿双脚站在皮筋左侧，右腿迈入皮筋里，左脚跟上，右脚在左脚之后向皮筋外侧跳，接着右脚收回，同时左脚跳出，右脚跟着跳出皮筋。跳皮筋的高度逐渐加高，以增加难度，幼儿可边念儿歌边跳皮筋。注意节奏。

玩法二，四人一组，其中三人把橡皮筋套在各自的小腿处，站成等边三角形，一人在中间跳。跳的方法可自选，可先用右脚腕钩住三角形的一条边，然后左脚跟进去，接着右脚跳出来，最后左脚也跟着跳出来。

（二）准备

2~4米长的橡皮筋或松紧带一根，两头打个结。

（三）作用

锻炼幼儿双脚协调跳的能力；通过自主活动、相互学习，培养幼儿的合作精神，使其体验合作游戏的快乐。

（四）实施

先让幼儿了解跳皮筋的基本方法。教师出示皮筋让幼儿看，引导幼儿探索皮筋的玩法。请三个人拿一根皮筋，找一块空地试试怎样玩。教师重点讲解两人用腿绷紧皮筋，其余人跳的方法。教师边示范边小结：可以踩在皮筋上，可以越过皮筋，也可以钩住皮筋跳过去。结合儿歌，运用踩、钩、跃的方法跳皮筋，组织幼儿进行游戏。

（五）反思

"跳皮筋"是我国传统的民间游戏，深受幼儿的喜爱。把"跳橡皮筋"游戏和童谣巧妙地结合在一起，符合幼儿活泼好动的个性特点。教师希望在游戏中，幼儿能在身体动作、想象力、创造力及合作意识方面都有不同程度的提高与发展。但现实总是跟想法不太相符。在游戏过程中，一名幼儿被橡皮筋钩住脚而脱不掉，按游戏规则，这时就得换别人跳。另一名幼儿按照规则执行，但过了没多久，这名幼儿又一次没有跳出来，慢慢地，他们失去了兴趣，游戏没有进行下去。针对排斥同伴、强占练习次数、不架皮筋等现象，教师要细心做工作，多教育鼓励幼儿，更要正确地引导幼儿服从规则，相互之间要和睦相处、友好合作、共同进步。

三、好玩的皮球

（一）玩法

玩法一，滚球，幼儿围着大圆圈，教师站在圆圈的中间，带领幼儿边滚球边念儿歌。

玩法二，反弹球，两名幼儿一颗球，一人将球往地上用力拍，当球往上反弹时，对方立即去接住球。然后双方交换角色，继续玩。

玩法三，滚球过门，两人一球，一名幼儿两腿开立做球门，另一名幼儿在距其3米处，对准球门滚出球，进球为胜，交换角色，继续进行。

（二）准备

彩色的小皮球。

（三）作用

学习拍球、抛接球、滚球、踢静止球等多种玩法，提高幼儿的综合运动技能；体验与人合作游戏的快乐。

（四）实施

以儿歌《大皮球》导入游戏，激发幼儿的活动兴趣，"大皮球，圆溜溜，你也玩，我也玩，大家一起玩玩玩，玩得心里乐悠悠"。教师示范几种球的玩法，指导幼儿自由玩球。

（五）反思

幼儿很喜欢参加户外活动，但动作还不协调，很容易摔跤。教师创新皮球玩法，既锻炼了幼儿身体的平衡能力和协调能力，又让每个幼儿都能够得到锻炼和发展，让每个幼儿学习到新的玩法，感受到皮球游戏的快乐。

四、快乐平衡板

（一）玩法

玩法一，快乐玩平衡板，一名幼儿站在平衡板上面，双腿分开，可以打开双臂保持平衡。

玩法二，快乐平衡拍球，一名幼儿站在平衡板上，边玩平衡板边拍皮球。或者两名幼儿分别站在平衡板上，互相对着拍球，要求保持身体平衡，并双手交替拍球。

玩法三，双人平衡，两名幼儿分别站在平衡板的一端，保持身体平衡，两人尽量保持平衡，不从平衡板上掉下来，可以牵手。

玩法四，走独木桥，幼儿将两块平衡板连在一起，然后从平衡板的一端走到另一端，也可以接得更长。

（二）准备

平衡板、皮球。

（三）作用

培养幼儿的平衡能力、协调能力，充分让幼儿体验合作的快乐。

（四）实施

玩法一及玩法二，幼儿拿平衡板自主练习上下平衡能力；幼儿自主拿着皮球，边拍球边踏平衡板游戏。对于不能完成边拍球边踏平衡板的幼儿，可以先练习站在平衡板上拍球，再尝试边拍球边踏平衡板；对于能顺利完成的幼儿，可以引导他们尝试踏平衡板合作拍球。当幼儿不敢踏平衡板的时候，请另一名幼儿与他拉手一起踏平衡板，两个人一起合作才能做到协调。引导幼儿自主合作游戏，在玩平衡板的过程中，让幼儿学会合作才能成功的道理。

玩法三及玩法四，引导幼儿想想独木桥是什么样子的，并动手用平衡板拼一拼。当幼儿自己动手搭成了独木桥后，请他们尝试走一走，对于不敢走过去的幼儿，鼓励他们大胆走过去；对于愿意尝试走的幼儿，可以让他们尝试搭独木桥的新方式，挑战新的独木桥。

（五）反思

对于刚刚接触平衡板的幼儿，教师可以给予他一些辅助，让他保持平衡，比如保持双脚站稳、双手打开。在游戏过程中，有的幼儿对于边拍球边踏平衡板非常有自信，教师可以鼓励他增加拍皮球的次数，让他充满自信。有一次，两位体重差异很大的幼儿在一起玩平衡板，当然成功的可能性很小，于是教师进行调整，引导幼儿找到和自己身高体重差不多的小伙伴一起游戏。这其中就蕴含着比较高矮胖瘦的问题，可以引导幼儿自我探索与发现。还有的幼儿在游戏中搭好了桥，却常常因为两个平衡板之间的碰撞而走不稳，于是他们尝试将两个平衡板放得远一些，方便更好地行走。

五、和水做朋友

（一）玩法

玩法一，给宝宝洗澡，在大澡盆中放入各种洗漱用品和胶皮娃娃，让幼儿仔仔细细地给宝宝洗个澡，洗完后，幼儿用毛巾把宝宝擦干。

玩法二，洗刷刷，在水池中放入若干塑胶制的仿真蔬菜，给幼儿提供相应的洗菜工具，请幼儿帮忙把蔬菜洗干净，并放入相应的容器中。

玩法三，海底寻宝，在水池中放入几艘"潜水艇"、几个"宝物"（戏水玩具都可以），用几个塑料盒子把"宝物"扣住，幼儿作为小探险家进入海底寻找宝藏。

玩法四，水中捞物，在水池里撒入一些大小适中、五颜六色的小珠子（玻璃球、彩色纽扣等），给幼儿容器和勺子，让他们试着把水中的物品捞出来放在容器里。

（二）准备

水、充气水池（或婴儿洗澡的大盆等）、胶皮娃娃、洗漱用品、毛巾、仿真蔬菜、洗菜工具、戏水玩具、塑料盒子、小珠子（玻璃球和彩色纽扣等）、勺子。

（三）作用

培养幼儿的自理能力；激发幼儿的好奇心和探索欲望；锻炼幼儿的手部肌肉。

（四）实施

在"给宝宝洗澡"游戏中，先请幼儿说一说自己的洗澡经历，和幼儿一起熟悉洗澡的顺序和过程，或观看宝贝洗澡的动画片帮助幼儿回忆，并请大家一起通过讨论得出洗澡的注意事项。在给宝宝洗澡时，小伙伴之间可以分工合作。

在"洗刷刷"游戏中，首先提问哪位幼儿帮助家长洗过菜，请他来和大家分享下自己的洗菜经历，教师和其他幼儿帮忙补充，最后一起得出洗菜的正确方法。请幼儿注意洗菜时要注意力集中，把菜洗干净。

在"海底寻宝"游戏前，教师和幼儿一起玩捉迷藏，教师可以将宝物藏起来请幼儿寻找，也可以请一位幼儿藏起来，丰富幼儿有关"寻找"的经验。引入游戏，把幼儿带到一个深海探险的情境中，船长（教师）请船员们（幼儿）帮忙找藏在海底的宝物，猜猜看这些宝物有可能藏在哪里，需要动手、动脑仔细寻找，找到宝物最多的船员就是小探险家。

在玩"水中捞物"游戏时，也可以给幼儿创设一个情境，如花仙子来到水池边，不小心撒落了很多水晶，花仙子非常难过，幼儿们愿意帮她想想办法吗？花仙子说会帮助最聪明、帮她捞到最多水晶的幼儿实现一个小愿望。找到水晶后，别忘记数一数哦！

（五）反思

喜欢玩水是幼儿的天性。夏季到来，教师通过观察发现，一些幼儿经常利用洗手的时候，把手泡在水里或放在水龙头下面冲洗很长时间，还有的幼儿会与其他幼儿打水仗。针对这些现象，教师组织幼儿进行了一系列和水有关的游戏，通过游戏，让幼儿感受水的特征、用途，寻找水的秘密并从中发现乐趣。

在"给宝宝洗澡"游戏中，一开始，幼儿并不清楚应该用什么方式给宝宝洗澡，比如有的幼儿把娃娃在水里涮一涮就拿出来了；有的幼儿动作则很"暴力"，把宝宝脑袋朝下提着；有的幼儿给宝宝洗完澡以后，没有用毛巾擦干；等等。针对这些现象，教师先耐心地询问了幼儿平时怎么洗澡，幼儿慢慢地说出大致的洗澡步骤：先冲水，再涂沐浴液，搓一搓，再冲干净。教师对幼儿的表达竖起大拇指，引导幼儿用正确方法给宝宝洗澡。对于幼儿的"暴力"动作，则用适当的移情方法让他学会疼爱小宝宝。教师给幼儿讲了个小朋友洗完澡没擦头发也没擦干身体就去玩了，结果回家发起了高烧的故事。听完故事，幼儿若有所思地和教师说："洗完澡以后一定要把身体和头发擦干，要不就会着凉的。"果然，在下次游戏时，幼儿用心地拿毛巾给宝宝擦干。和水做游戏丰富了幼儿相关的生活经验，让他们在玩中锻炼了自理能力，真是受益匪浅。

第三节　自主创新游戏

一、布辫子新玩法

（一）玩法

玩法一，一人玩，幼儿手拿布辫子，自抛自接；将布辫子放在地上，幼儿前后左右跳；连续摆放多条辫子可以做连续跳跃练习，幼儿可以根据自身能力自行调节距离；布辫子足够长的时候可以当作跳绳使用。

玩法二，两人玩，两名幼儿合作游戏，一名幼儿将布辫子放在自己腰后，另一名没有布辫子的幼儿追逐，从前面幼儿身后抓住布辫子即获胜。

玩法三，三人玩，两名幼儿手持布辫子，一名幼儿钻，可以互换位置一起游戏。也可以更多幼儿一起游戏，多名幼儿手持布辫子，将布辫子排成一条长龙，让幼儿练习连续钻过障碍。

玩法四，多人玩，将布辫子在地上摆出一定造型，请幼儿连续跳，还可以将布辫子拼接成梯子，幼儿举起梯子，其他幼儿连续钻。

（二）准备

用布条编好的辫子，根据游戏需要调整长短、粗细。

（三）作用

发展幼儿的手眼协调能力，锻炼幼儿的腿部肌肉；让幼儿体验到合作游戏的成就感和快乐。

（四）实施

让幼儿选择自己喜欢的布辫子，自由进行游戏并探索布辫子的玩法，教师和幼儿一起讨论，让幼儿说出较多好玩的方法。

"揪尾巴"的游戏，组织幼儿把大布辫子放好，围成圆圈，把小布辫子插在裤带里当作小尾巴，请六名或七名幼儿到圈内开始互相追逐揪小尾巴，谁的尾巴被揪下来，谁就回到圆圈内替换别的幼儿，游戏重新开始。

"小兔跳跃"的游戏，将小布辫子摆在地上，也可以有一定的难度差异，比如距离可以摆得大小不一，提高幼儿的兴趣。

"钻爬"的游戏，让幼儿控制小布辫子的高低，不仅可以培养幼儿之间的合作意识，同时还能增强幼儿的挑战意识。

（五）反思

布条原本是放在活动区供幼儿编小辫的，旨在锻炼幼儿的手部肌肉，使幼儿有一双灵巧的双手。编好的辫子挂在教室只供观赏，没有让幼儿灵活地运用起来。当看到班里的幼儿拿着布辫子跳绳时，教师发现布辫子还可以有其他玩法，于是便带领幼儿探索新的游戏方法。因为是用自己制作的玩具进行游戏，所以幼儿的兴趣更加浓厚。

二、趣味抖抖球

（一）玩法

玩法一，一人玩，幼儿双手拿布圆盘，自抛自接大沙包。

玩法二，两人玩，两名幼儿各拿一个布圆盘，相隔一定距离，一名幼儿用布圆盘将大沙包抛给另一名幼儿，另一名幼儿用布圆盘接住大沙包，随后抛回给对方，依次相互抛接沙包。

玩法三，三人玩，两名幼儿各拿一个布圆盘并排站立，另一名幼儿相隔一定距离背对两幼儿，然后该幼儿将大沙包向后方抛出，两名幼儿用布圆盘接沙包，接到的幼儿记一分，可采取五局三胜制，或幼儿自己商定计分制，结束后，优胜者替换上一局抛沙包的幼儿。

玩法四，多人玩，多名幼儿手拿布圆盘站成一圈，相互抛接大沙包，可以依次抛给对面的幼儿，也可以随机选择接沙包的对象。

（二）准备

布圆盘、大沙包。

（三）作用

训练幼儿的专注力、手眼协调能力和上肢力量；体验合作游戏带来的快乐和成就感。

（四）实施

先请幼儿熟悉材料，每名幼儿拿一个布圆盘和一个大沙包，自己练习用布圆盘向上抛沙包，然后接住，教师和幼儿练习一对一的抛接沙包。教师为幼儿简单介绍几种玩法，也鼓励幼儿创新玩法，有的幼儿在用布圆盘抛沙包的时候，经常会把沙包抛到身后，教师对这样的幼儿进行个别指导，告诉幼儿应该把布圆盘往前上方抖。

（五）反思

有一次自由游戏时，两名幼儿各拿一个布圆盘，但是都显得意兴阑珊，抱着沙包无所事事地站着四处张望，教师见状，对他们说发明了一种新玩法，由教师背对着幼儿抛沙包，两名幼儿比一比看谁能接到。玩了几次后，这两名幼儿明显活跃多了，还叫来了更多小伙伴一起玩。有时候，幼儿是需要教师去"推"一把，给他们一点点灵感，他们就可以创造更多的火花。

三、平衡木玩起来

（一）玩法

玩法一，搭小桥走平衡木，把平衡木做成了一条小船，双手放平，保持平衡，稳稳地过河。

玩法二，双膝、双手着地爬过小桥，走S形越过平衡木，双脚并齐跳过平衡木。

玩法三，双人合作过平衡木，一人上臂支撑地面，另一人抓住一人双腿过平衡木。

（二）准备

平衡木。

（三）作用

锻炼幼儿的平衡能力及钻爬、攀登能力，体验与同伴合作游戏的快乐。

（四）实施

介绍活动器材，激发幼儿的活动兴趣。鼓励幼儿自由探索平衡木的各种玩法，并及时请幼儿示范自己的玩法。视幼儿情况逐渐增加桥的高度，或鼓励幼儿尝试两人合作探索平衡木玩法，帮助幼儿继续练习。

（五）反思

教师要根据每个幼儿的实际水平，设计和安排难度不一的游戏，并提供相应的指导和帮助。既可调整平衡器材的高度、宽度和坡度，又可在运动方法上给幼儿以不同的示范和选择。比如，幼儿可从徒手走逐步过渡到持物走、加速走，通过对平衡木一物多玩的探索，幼儿也能提高自身动作的灵敏性、协调性，养成勇敢、互相帮助的良好品质，体验与同伴合作游戏的快乐，并能提高参与活动的积极性与主动性。

四、百变梯子

（一）玩法

玩法一，跳空格，梯子平放，幼儿单双脚在梯子的空当进行跳跃，身体保持平衡，重心要稳。

玩法二，爬梯子，梯子平放，幼儿双手扶住梯子，双脚踏在梯子的木档上，向前爬行，爬行时，注意手脚眼协调一致。

玩法三，走梯子，梯子平放，幼儿走在梯子的空当中，身体保持平稳。

玩法四，钻梯子，将梯子两侧架在两个轮胎上（每侧两个轮胎），地上放有地垫，请幼儿在地垫上匍匐前进。

（二）准备

梯子、轮胎。

（三）作用

锻炼幼儿的攀登、爬、走、跑、跳等能力，进一步提高幼儿动作的协调性、灵活性；培养幼儿勇于尝试的精神和初步的竞争及合作意识。

（四）实施

在游戏开始前，先请幼儿想一想梯子的玩法，将可实际操作的玩法让幼儿尝试。然后将上述经典玩法介绍给幼儿，请他们按次序进行游戏。结束后，请幼儿再想想梯子还有哪些玩法，开拓他们的思路。

（五）反思

梯子是幼儿非常喜爱玩的工具。在玩梯子之前，可以和幼儿谈论它的多种玩法，也可以结合情境进行游戏，如将故事融入梯子游戏，更能增添游戏的趣味性。可以回到教室将幼儿的想法进行梳理，也可以让幼儿把自己的想法用图画的方式表现出来。

五、太阳放光芒

（一）玩法

玩法一，走（跑、跳）在光芒中，将"太阳光芒"平铺在地上，幼儿沿一定方向走、跑、跳过光芒。

玩法二，抖抖高，几名幼儿分别双手持光芒末端，合作向上抖动光芒。

玩法三，跳跳高，一部分幼儿手持光芒末端，并抬至一定高度，另一部分幼儿按一定方向跳过光芒。

玩法四，拍球绕光芒走，光芒平铺于地面或抬起一定高度，幼儿一边拍球，一边跨过光芒走，脚和球都不压到光芒。

玩法五，亲子游戏"我们和光芒来互动"，请家长手持光芒，幼儿扮演各种动物角色，听指令在光芒下活动。如变成小鱼游来游去、变成小兔子碰一碰某种颜色的光芒等。当多名幼儿和光芒互动时，提示幼儿要按一定方向游戏，才能不互相碰撞。

（二）准备

太阳光芒玩具、球。

（三）作用

能找出多种玩"太阳光芒"的方法，感受和太阳光芒互动的快乐，在玩"太阳光芒"的游戏中练习走、跑、钻的动作。

（四）实施

为幼儿提供太阳光芒玩具，请幼儿自由探索玩具的玩法。但如果有踩上去的玩法，教师应予以指导，不可以踩到光芒。在试玩的过程中，幼儿玩出了多种花样，走、跑、爬、跳都有。根据其中适合集体游戏的玩法继续讨论游戏规则。根据幼儿探索出的玩法确定游戏主题，大家一起玩一种，并制定相应的规则，如"跳"的玩法，商定好是单腿还是双腿、往哪边跳等。只要是大家共同商定的规则，就要共同遵守。一种游戏熟练后，可玩下一种。教师也可根据经验，丰富幼儿的玩法，如幼儿未想到球和太阳光芒的组合，教师以游戏者的身份，一边拍球，一边跨过光芒，请感兴趣的幼儿一起尝试，再一起讨论规则。在亲子活动中，引入太阳光芒的游戏，按照玩法五进行亲子游戏。

（五）反思

本游戏让幼儿感受到了合作的快乐。因为"太阳光芒"的游戏需要多人参与，大家合作完成，所以为幼儿体会合作的快乐、感受团结的意义提供了条件。"亲子同乐"促成长，玩法五是家长与幼儿之间的互动，这个玩法充满了可变性，幼儿喜欢富有变化的游戏，而且在这种变化中，幼儿不仅锻炼了协调能力和反应能力，还增进了与家长的关系。

六、百变轮胎

（一）玩法

幼儿让手中的轮胎翻跟头，从场地的一头翻到场地的另一头。在操场上设置障碍万能点、斜坡木箱，请幼儿滚轮胎，绕过障碍，轮胎平放在地上，幼儿从轮胎外跳进轮胎中心。把一个轮胎立着放在另一个轮胎上，让幼儿跳马。

（二）准备

轮胎、斜坡木箱、万能点。

（三）作用

练习走、跑、跳等基本动作，在组合变换中丰富幼儿的想象力与创造力。

（四）实施

以"轮胎变魔术"导入，比一比谁能用轮胎变出丰富的活动场地。教师可先摆一种活动场地作为示范，鼓励幼儿搭建更丰富的活动场地，创造更多的玩法。

（五）反思

在游戏中，看到幼儿搭建得乱七八糟，教师总是忍不住想要去干涉。虽然教师说"我觉得你们可以这样放，你觉得呢"看似民主的问法，但其实却干涉了幼儿的想法。幼儿做任何事情都有试误的过程，否则将是知其然而不知其所以然。在后来的游戏中，即使幼儿搭建得很不符合力学规律，教师也没有过多干预，而是在一旁保护。在游戏中，无论是轮胎摆放还是游戏情境的创设，都是幼儿自己的想法，如他们会创建加油站、高速公路。有的幼儿想爬过高高低低的轮胎，但轮胎中间又是空心的，于是有些茫然。教师没有直接告诉他该怎样将膝盖悬空爬，而是对他说"我要去加油了，你跟我一起去吗"。他很乐意，于是跟着教师爬过了轮胎。

七、好玩的水

（一）玩法

利用各种玩具、材料自由玩水。根据玩具材料的类别，分成三个小组进行游戏，幼儿自选一组参加，带着问题游戏。

一组——水的沉浮：把许多玩具放在水里，看有什么不同现象？

二组——水的流动：为什么小篮子装不住水？

三组——水的冲力：水倒在水车上，水车为什么转了？

三个小组交换玩具，再次游戏。

（二）准备

空瓶子、装满水的瓶子、盖子、磁铁、泡沫、石块、木块、橡皮泥、塑料积木、水车等。

（三）作用

体验玩水的快乐，感知水的特性；了解水的用途；培养节约用水的意识；能与同伴友好协商，大胆创新思考。

（四）实施

以猜谜语的形式引出水。做个实验，请幼儿仔细观察实验过程及发生的变化，不浪费水，保持衣服干净不弄湿。分三个小组进行游戏，幼儿自选一组参加；观察水中物体的沉浮、水的流动及冲力现象，并请一名幼儿讲述他的发现。

一组讨论：水车为什么会转？

二组讨论：水是有浮力的，为什么有的瓶子浮在水面上，有的瓶子沉在水下？

三组讨论：为什么用小篮子舀不起水？

最后，整理材料，结束活动。

（五）反思

玩水是幼儿的天性。大班幼儿善于观察、思考，在玩水的同时，会提出很多问题。教师根据大班幼儿的年龄特点提供不同的玩水材料，通过实验引导幼儿发现水的用途，并积极大胆地与大家分享自己的发现，培养幼儿的发散思维。在游戏过程中，幼儿经常玩得很高兴，从而忘记了自己的实验。因为教师没有去强调幼儿一定要按实验目标游戏，而是鼓励幼儿在玩中自然地发现，所以幼儿充分体验了游戏的快乐，同时也自然而然地发现了水的特性。

八、踢珠珠

（一）玩法

两名幼儿分别站在距离中线等距离的位置，一名幼儿单脚将珠珠踢到对方格子中，对方再单脚将珠珠踢回。将珠珠踢出界、踢不到对方格子、脚够不到珠珠导致身体位置移动或者珠珠压任何一条线均不得分，且对方加一分，并由对方再次踢珠珠，最先获得5分的参赛者即为优胜。

（二）准备

记分牌、珠珠。

（三）作用

能单脚将珠珠踢到对方格子中，不出界、不压线；体验游戏的快乐并正确对待输赢。

（四）实施

幼儿协商分配角色，一名裁判，两名参赛者。裁判介绍游戏规则，参赛者通过"石头剪刀布"决定谁先踢珠珠。比赛开始，两名幼儿分别站在距离中线等距离的位置，"石头剪刀布"获胜的幼儿单脚将珠珠踢到对方格子中，对方再单脚将珠珠踢回。为了不把珠珠踢出界或不压线，根据珠珠距离中线的位置决定踢珠珠的力量；在踢距离自己很远的珠珠时，幼儿单脚站立，注意重心转移或用双手着地支撑身体等。

（五）反思

通过多次玩踢珠珠的游戏，参赛者逐渐学会根据对方踢过来的珠珠位置思考要用多大的力量将珠珠踢回去，也逐渐摸索出怎样才能不把珠珠踢出界、不压线；裁判根据参赛者的表现公平计分，并根据各种情况随时调整规则。比如，A踢珠珠的力量有些大，珠珠临近B格子的边界，这个位置对于B来说很有难度，B转过身，弯下腰手扶地，两手支撑着，伸腿将珠珠踢了回去，A见状，马上对教师说："老师，他犯规！"教师没有说话，看了一眼裁判，裁判对A和B说："只要有一只脚不离开最开始的位置就不算犯规。"之后出现了各种情况，参赛者都会在裁判允许的规则内想办法踢珠珠，而裁判也逐渐有了公平的意识，摆脱了对教师的依赖，根据自己的理解，公平地做出裁判。这个游戏在发展幼儿体能的同时，更注重幼儿的社会性发展，幼儿不仅学习了协商分配角色，也尝试协商解决问题、制定规则并学会公平裁判。

第五章

幼儿户外自主大型建构游戏的开展

　　幼儿园始终秉持着"用幼儿感兴趣的方式发展基本动作，提高动作的协调性、灵活性"，积极引导幼儿开展户外自主大型游戏，在不断探究更好的形式与内容的基础上，让幼儿的关注点不只停留在表面的成型作品上，还要引领幼儿在建构游戏的过程中进行深入挖掘，不断探索、反思、总结与实践，真正做到户外游戏"探索无止境"，进而为幼儿在游戏活动中创设良好的深度学习契机。

第一节　户外大型建构游戏材料的投放原则

区域游戏开展的媒介是材料，在幼儿建构知识与能力中起到了桥梁的作用，是区域游戏开展的重要保证。幼儿园区域游戏是集幼儿动手能力、创新能力、思维能力于一身的一种游戏活动，已成为对幼儿园全面发展教育的一种有效方法。"跳一跳，摘到果子"既是促进幼儿发展的要求，又是对区域材料投放提出的目标。

一、注意材料安全清洁，体现材料美观耐看

《指南》明确指出："幼儿园必须把保护幼儿的生命和促进幼儿的健康放在工作的首位。"同样，在区域材料的制作和投放上，安全性也是必须重视的一个原则。在为幼儿提供游戏材料时，应选择对幼儿无伤害隐患的操作材料，在操作前应进行彻底的清洗消毒。定期检查区域材料是否有破损现象，做到及时发现问题，调整材料。特别是体育区的小型自制器械，幼儿玩久了，难免会有破损，这样会对幼儿造成伤害，必须进行修补或者更改，使幼儿游戏更加安全。

在此基础上，还应该注重材料的美观，对幼儿具有吸引力。虽然我们提倡利用生活中的废旧材料，但是在收集与投放时也应注重其清洁和美观。如在收集了各种瓶子的材料后，会发现其形状、材质、颜色不一样，怎么办呢？这时可以让美工区的幼儿为其装饰，可以用颜料，也可以用各种装饰材料进行美化。通过幼儿们的巧手，瓶子马上呈现出了新的活力，充分将其艺术性展现了出来。同时也使美工区的操作更多样化、灵活化。幼儿对游戏材料充满兴趣，积极投入地参与到游戏中来，有利于区域游戏的顺利开展。

二、关注幼儿个体差异，提供不同层次材料

《指南》强调对幼儿的人文关怀，接纳、尊重每一个幼儿。维果斯基最近发展区理论也是倡导激发不同层次幼儿的探究兴趣。在区域游戏组织中要关注幼儿间的个体差异，根据幼儿不同发展水平的需要，提供不同层次的多样性材料，让每名幼儿量力而行，在自己原来的水平上有所提高，使不同发展水平的幼儿都可以在区角游戏中体验到成功，并能保持积极参与的热情。例如，小班的"喂娃娃吃饭"，在材料提供上分为大小不一的调羹，这样，能力强的幼儿用小调羹喂小嘴巴娃娃，能力弱的幼儿用大调羹喂大嘴巴娃娃。由于材料具有差异性，因此幼儿在游戏中有了更大的选择余地，对其各方面的发展都有一定的促进作用。

提供不同层次的材料还体现在关注幼儿的年龄特点方面。如在生活区，小班教师为幼儿提供了穿木珠、喂食这一内容，如果大班教师也提供了同样的材料，这显然是不科学的。小班幼儿与大班幼儿具有明显的差异，小班的材料对于大班幼儿来说一点都没有挑战性，教师要根据幼儿的年龄特点和发展的不同需求提供区域材料。

三、提供多种趣味材料，激发幼儿操作兴趣

区域游戏最大的优势莫过于能为兴趣、能力各异的幼儿提供丰富多变、适于其发展的游戏材料。哪怕是平时最不善于交流、沉默寡言的幼儿，在区域游戏中也可以自信地操作、自主地交往，充分调动其游戏的积极主动性。材料的有趣、可变、可操作更能强化区域游戏的功能。例如，在科学探究区，幼儿通过有趣的材料，有趣的"气球上天""沉浮实验""跳舞的胶囊""水车""会跳舞的乌龟"等科学游戏，通过"颜色变变变""摩擦起电"等科学小实验，充分体验到了操作的乐趣，并增长了知识和经验。又如，数学区中的"瓶盖棋""多变几何体""七巧拼板"等，凡是所提供的材料，既有趣又能让幼儿做做、玩玩，幼儿就会百玩不厌，增强学习探索的兴趣。

在游戏"阿拉宁波"中，为幼儿提供了各种材质的积木、纸盒、记录本等，让幼儿在不断的探索游戏中发现秘密。大班幼儿的好奇心、动手能力都很强，他们设计出了一个"景点图"，并按照设计图用积木、纸盒搭出了景点的

模型，非常漂亮，幼儿在设计、拼搭、拆除、改装的摆弄过程中得到了满足。

四、重视材料调整变化，发挥材料多种功能

因为幼儿是不断发展的个体，所以区域游戏的材料还应根据幼儿的发展而变化，使区域材料始终处于动态变化的过程中，让每个区域的游戏内容与材料尽可能贴近幼儿已有的知识和经验，并且要有利于幼儿获得新的知识和经验。

区域材料要根据教育目标和幼儿的发展需要，定期或不定期地进行调整、补充，不能一成不变。当幼儿对某些区域不感兴趣了，就要通过对幼儿区域游戏的观察和了解，发现问题并及时调整与改进。比如，图书区是幼儿最不感兴趣的区域，通过观察发现，幼儿对阅读没有兴趣，看不懂书中的内容，图书陈旧，缺乏吸引力。可以改变策略，让幼儿自带图书来园，大家相互分享，图书的种类多了，幼儿的兴趣也就提升了。

材料的动态性还体现在各年龄段及平行班之间的互动上，各班教师应及时沟通、交流幼儿区域游戏的情况，做到材料互补及资源共享，让材料真正地为游戏提供服务。

幼儿的智慧源于材料，区域材料的投放应努力做到有的放矢。这样才能满足幼儿的欲望，促进其个性化发展与兴趣潜能的激发，从而带给幼儿真正的快乐。

第二节　小班幼儿户外自主大型建构游戏的开展

小班自主游戏实例1

预防幼儿推倒建构作品。

（一）游戏背景

由于幼儿来园的时间很短，不熟悉建构材料和建构方法，因此在之前的建构游戏中常常出现搞破坏、推倒建构作品的情况。对此，在游戏开始前，教师和幼儿一起讨论了这种行为，同时教师在活动中加以仔细的观察和引导。

（二）游戏过程

这次游戏的主题是"为小白兔建构一个小花园"，入园近一个月的经验已经让幼儿熟悉了建构的整个流程。在拿到纸砖后，幼儿自然而然地去找自己的好朋友，成群结伙地把篮筐推到一个宽敞的地方"占地为王"。让教师吃惊的是，幼儿基本都学会了砌墙的方法——两块砖头之间要有空隙，砌第二层时，在空隙上放砖块，这样既省材料，又不容易倒塌。

为了提高幼儿的兴趣，教师建议小朋友扮演小白兔，教师扮演大灰狼，并以大灰狼的口吻指导小朋友建构。例如："大灰狼要来了，小白兔赶紧把墙围起来呀！""你们的花园是不是应该有个门呢，这样你的好朋友就可以来你家里做客了呀。""大灰狼看见小白兔的围墙有一部分还没有砌高哦，大灰狼可以跨过来抓小兔子了。""大灰狼进不来了，灰溜溜地回家了，小白兔可以在花园里唱歌跳舞了！"

围墙渐渐搭高，倒下来的概率也大了许多。教师时刻观察幼儿的表现，如果倒下来，马上鼓励他们重新搭起围墙。而在另一组的建构游戏中，幼儿正在尝试搭高楼。在活动结束后，幼儿对高楼的兴致仍非常高，于是我们以此作为下次建构活动的主要内容。

（三）行为解读

小班幼儿的游戏水平一般处于平行游戏水平；能力弱的还处于独自游戏水平；有几个还处在无所事事水平，班上有三四名幼儿仍然没有真正进入游戏状态。经过观察，一些被游戏排除在外的幼儿，要么呆呆地坐着，要么破坏其他幼儿的作品。通过本次游戏，幼儿之间的合作性有所加强，他们的专注力也明显提高了。

（四）教师支持

这次没有出现推倒作品的情况，得益于以下两个方面。

1. 活动前的讨论

在游戏前，教师回顾了上次游戏的照片，对比了作品完成时和被推倒时的差异，同时用拟人化的口吻告诉幼儿："如果你去推玩具、踢玩具，玩具宝宝会很疼的，这样它们就不想和小朋友做游戏了。"以此来提醒幼儿尽量不要去推倒建构作品。

2. 教师的及时介入

在活动中，教师时刻关注幼儿的行为，一旦发现幼儿有推倒的动机，就及时介入，让他们回想一下教师之前说的话，想想玩具宝宝的感受，并鼓励幼儿把倒下的部分修补好。

（五）游戏亮点

小白兔与大灰狼是小班幼儿最喜欢的两个角色，以拟人化的口吻指导幼儿建构，值得小班教师借鉴。

小班自主游戏实例2

建构游戏中的童趣。

（一）游戏背景

在前两周的建构游戏中，小朋友对"小白兔和大灰狼"的游戏情有独钟，建构经验不断丰富，遵守游戏规则的能力也不断提升。

（二）游戏过程

在这次游戏中，教师尝试分小组游戏，先选出3名代表，然后其他小朋友自由选择加入队伍。在之前建构经验的基础上，小朋友已经轻车熟路，马上围好自己的场地开始建构。

建构进行了3分钟，伊伊用手指着教师说："哼，你这个大灰狼，我不会让你进来的！"原来教师这个"大灰狼"角色已经深入人心。教师顺势对伊伊说："是吗？大灰狼可厉害了，你们的房子没建好，看，这里还有一个大口子，大灰狼可以偷偷走进去哦。"伊伊一听，加快了手上的动作。围好之后，教师又走过去说："大灰狼的腿很长哦，一下就可以跨过去。"于是，幼儿又开始叠高了。

接着，教师投放了草皮和小动物，小朋友的动物园开始热闹起来。渐渐地，到了收尾工作。教师说："小朋友们，小动物玩累了，我们让动物回自己家休息好不好？"小朋友拿着圆木板放在地上，有的还铺上一层草皮，然后将动物放倒，小动物开始睡觉了。

（三）行为解读

第一，本次尝试自由分组，虽然不如大班孩子那么成功，但是幼儿基本有了自己固定的玩伴。

第二，在今天的建构游戏中，最有趣的就是幼儿请小动物休息的环节。在成人的眼中，我们会根据动物的真实习性来请小动物睡觉。然而，幼儿的想法出乎我们的意料，他们把小动物放倒完全是根据自身的睡觉经验来的。

（四）教师支持

第一，建构活动要体现游戏的延续性，利用幼儿已有经验进行指导。

第二，建构活动中应该注意材料投放时间和顺序，先投放低结构材料，后投放高结构材料，一些精细的仿真玩具可以在游戏进行一半后再投放。

第三，教师可以继续尝试分组游戏，让幼儿三个一群，五个一伙，有组织、有分工地去玩游戏，提高幼儿建构游戏的水平。

（五）游戏亮点

"小动物睡着了"（即放倒小动物）非常具有童趣。

小班自主游戏实例3

幼儿游戏的社会水平。

（一）游戏背景

在前两个月的建构游戏中，为了让幼儿熟悉建构材料，通常只选择两三种材料。多种材料的组合是接下来必然的尝试。

（二）游戏过程

以下是个别幼儿的游戏行为。

1. 熙仔

活动开展了15分钟，熙仔在每个区域晃来晃去，手上拿着几个从假树上摘下来的小红果子。这时，他来到伟伟搭建的房子，用脚踢翻"围墙"，脸上露出得意的笑容。

2. 额额

额额非常喜欢玩建构游戏，但有时又很难加入其他孩子的行列，他很少静下心来搭建，而是经常坐在地上看别人玩，当他发现有趣的事情时，会给他们提些意见或者自己动手摆弄。

3. 鸿鸿

鸿鸿的性格比较内向，但玩建构玩得很认真，有自己的建构计划，在游戏时常常边说边搭建。今天他根据教师定的主题，开始用纸砖围一个围墙，嘴里念念有词："这里是家里的门，门口有一条路，小动物可以从这条路走来我家里。"自始至终，鸿鸿都没有与其他幼儿交流。

4. 镇镇

前半段时间，镇镇一直都在模仿和尝试，学习别人是如何把墙砌好的。后来看见淇淇和其他几位女孩围着桌子在喝"饮料"，他就把纸砖搬过去，顺势把她们围起来。于是后半段时间，他和其他孩子一样开始砌墙。

5. 淇淇

淇淇拿到木板后，马上开始模仿上周亲子活动中的场面——搭建一张桌子，表现吃饭、喝饮料的场景。淇淇的做法引来了其他女孩的围观，不一会儿，几个孩子共同搭好了台面，并摆上各种"食物"，坐在桌子旁开始"吃吃喝喝"了。

（三）行为解读

美国学者帕顿（Parten）从儿童社会行为发展的角度将游戏分为六种：偶然的行为（或称无所事事）、旁观（游戏的旁观者）、独自游戏（单独的游戏）、平行游戏、联合游戏和合作游戏。

这次参加建构活动的有25名幼儿，据初步观察，大部分幼儿处于平行游戏（7名）和联合游戏（7名）水平，有3名幼儿处于无所事事的游戏阶段，没有幼儿达到合作游戏阶段，有2名幼儿处于旁观游戏水平，有6名幼儿处于独自游戏水平。

（四）教师支持

第一，注重家庭教育的作用。淇淇之所以会出现喝饮料的行为，是因为她和妈妈在家看了教师上传的亲子活动照片，家长的引导和教师的说明为她的模仿行为提供了基础。

第二，解读幼儿行为，根据幼儿的发展水平创设最近发展区，帮助他们进一步提升建构游戏经验。

第三，在开展建构活动之前，教师交代了本次建构活动的主题，并回顾了以往建构的图片，幼儿从中学习搭建方法以及如何和好朋友一起合作等。

（五）游戏亮点

淇淇和其他几位女孩的游戏行为充分体现了她们的模仿能力。

小班自主游戏实例4

提高幼儿的游戏水平。

（一）游戏背景

在上周幼儿游戏的过程中，教师初步评价了本班幼儿的游戏水平，其中建构游戏水平较低的有熙仔、行行、扬扬等。这次，教师想尝试让游戏水平较低的幼儿投入建构游戏。

（二）游戏过程

在这次游戏中，教师选择了单一材料（纸砖）在晨接走廊开展建构活动。如往常一样，材料一发放，建构水平较高的孩子就结伴而行，纷纷占好位置开始搭建，而平时来回晃悠的几个小朋友却无所事事地到处走动。当其他小朋友都搭好一大半时，熙仔、行行、嘉俊和扬扬还是无法投入建构活动中。

活动进行了10分钟，伊伊的房子已经建了一大半，梓俊、皓皓等几位小朋友不断地给她运输砖块，这时梓俊说："伊伊，来，你的快递来了。"其他小朋友也加入"送快递"的行列。熙仔在旁边看得哈哈大笑，他似乎很想加入，但又不知道如何加入。这时教师拿起一块纸砖，请他把"快递"送到伊伊那里去。不一会儿，熙仔就和其他小朋友打成一片。

而在走廊的这一头，行行的手上一直拿着砖块，呆呆地望着别人玩。教师走过去，摆好一块，又摆一块，以吸引他的注意力。果然，他似乎明白了摆放的规律，教师示意让他把手里的砖块递过来，来回几次，他变成了教师的小助手。之后，教师示意让他自己搭，他迟疑了一下，将信将疑地把纸砖放好后，教师竖起大拇指，给了他一个鼓励的微笑。慢慢地，行行的房子搭得越来越高。旁边的嘉俊和扬扬也被吸引了，一个完美的作品就这样完成了。

（三）行为解读

幼儿是天生爱玩的，胆怯、不会玩、不会交流等因素导致幼儿融入不了游戏的氛围中，于是因材施教和个别指导在这时就显得非常重要。在本次活动中，这4名幼儿从不会玩到协助玩再到自己玩，享受到了建构游戏的乐趣和搭建的成功感。

（四）教师支持

第一，当幼儿处在观望状态时，教师始终给予其积极正面的语言鼓励。

第二，在下次活动中，可以进行强弱搭配的尝试，引导能力强的幼儿带着能力弱的幼儿一起玩，逐渐增强能力弱的幼儿的自信心和参与游戏的兴趣。

第三，有意增强幼儿之间的合作能力，帮助幼儿从平行游戏水平向联合游戏和合作游戏水平过渡。

（五）游戏亮点

"送快递"是本次活动中出现的新词，很有意思。

小班自主游戏实例5

游戏经验的提升。

（一）游戏背景

有了前两次的经验，在教师的指导下，处于无所事事和旁观游戏水平的幼儿基本能比较投入地玩建构游戏。但幼儿普遍还没能完全达到真正自由、自主地进行游戏的水平。

（二）游戏过程

这次游戏玩的是纸砖。由于已经玩过一次，因此教师就没打算进行过多介入，而是让幼儿自己结伴，自由拼搭。在整个游戏中，最让教师感动的是扬扬和嘉俊，自始至终，他们一直都在认真搭建，如果被碰倒的话，就再搭，而且他们的搭建技能有了很大的提高，拼搭起来游刃有余。当他们遇到困难时，玲玲还及时伸出援助之手，同伴间的交往频次逐渐增多。在收拾玩具的环节，嘉俊非常热情地捡纸砖，收拾完自己玩过的材料，又去收拾别人玩过的，并且乐此不疲。

（三）行为解读

建构游戏不仅注重培养幼儿的搭建技巧，更重要的是培养他们的专注性、合作精神和游戏常规。在日常生活中，嘉俊是一名好强、话少的孩子，但在建构游戏中，他能有自己的建构想法，能与他人和睦相处，这是他近期最大的进步。

（四）教师支持

第一，游离于游戏外的幼儿容易被教师忽略，教师在兼顾全班幼儿发展的同时，可以定期固定观察某几名幼儿并加以指导。

第二，注意观察评价的持续性，总结上一次活动的优势和劣势，并指出下一步要改进的方向。

（五）游戏亮点

嘉俊的坚持不懈和玲玲的主动帮忙值得其他幼儿学习。

小班自主游戏实例6

新材料，新探索。

（一）游戏背景

面对几十种建构材料，旧材料玩腻了，怎样向幼儿介绍没玩过的新材料呢？这是小班教师经常遇到的问题。

（二）游戏过程

这次游戏玩的是一种新的材料——木条。由于是新材料，教师不想限制幼儿的想象力和创造力，因此只简单地对安全进行提醒，就放手让幼儿自由游戏。令教师意想不到的是，幼儿的搭建方法还特别多。

予曦说："我搭了一个三角形。"岸岸用稍宽的木条一根一根地连起来，然后将稍窄的木条放在宽木条上，得意地说："老师，你看，这是火车！"一些幼儿用粗重的木块在两边堆砌起来，其他幼儿就用木条当作拐杖，开始在"马路"上行走了。崇崇利用木条搭建了一个"鸟窝"，还向教师介绍了鸟从哪里进去，从哪里出来。

小烨搭建的作品最受小伙伴欢迎。活动一开始，他无意中将两块宽木板平行放置，中间空荡荡的，这时他又加了一根细长的木条，铁路的雏形就出现了。而在铁路的另一头已经有幼儿开始玩起了拄着拐杖走路的游戏，当他们看见小烨等人搭建的铁路时，自然而然地走了上来。这个游戏吸引了其他玩建构的幼儿纷纷捡起地上的木条作为自己的拐杖，然后在铁轨上面走了起来。

由于铁轨的长度有限，很快，拄着拐杖的幼儿就走到了尽头，小烨非常尽责地快速搬来木条，努力地把铁轨搭长一些，虽然他没有参加拄拐杖的游戏，但在铺路游戏中，他照样玩得不亦乐乎。

（三）行为解读

幼儿的建构想法稀奇古怪。也许在成人眼里是"乱七八糟"的，而他们却能把自己的作品讲得绘声绘色。

小烨在班上属于较文静的孩子，在以往的建构活动中也没有突出的表现，但在今天的建构活动中，教师看到了他的坚持、自豪感和责任心。

（四）教师支持

第一，游戏是自由、自主的，只有在必要时，教师才能干预幼儿的游戏行为。

第二，教师要蹲下来倾听幼儿的建构想法，教师的肯定和鼓励是幼儿继续建构的动力。

第三，教师可以再次添加一些木制品材料，让幼儿自由探索材料的拼搭方法和建构想法。

（五）游戏亮点

在活动结束后，幼儿还在那里走铁路，非常舍不得结束这个游戏。幼儿的想象力和创造力值得成人尊重。

小班自主游戏实例7

提高幼儿游戏的社会性水平。

（一）游戏背景

经过一个学期的建构游戏观察，教师发现，班内的幼儿对游戏存在着内在需要，在游戏过程中表露出明显的个别差异。本次建构活动的目标是引导幼儿在游戏中合理搭配，学会寻找合作伙伴并用多元的方式进行表达与交流；让幼儿充分体验建构的乐趣，提高其建构水平。

（二）游戏过程

本次建构游戏的主题是搭建围墙，依据主题内容选择纸砖和线轴作为建构的材料。

在建构游戏中，睿睿是玩得最投入的一名孩子，他独立性较强，不喜欢别的幼儿参与到他的活动中。在今天的活动中，他按照教师的主题，用线轴建成一条篱笆墙，把自己的菜地围起来，教师轻声对睿睿说："你把自己圈在里面，没有门怎么出来呢？"

在建构游戏中，家家每次都很积极地帮助小伙伴拿材料，这次他负责主建，在一旁的彬彬帮他拿砖头。家家说要搭一座高楼，这样可以请班上的小朋友一起来做客。这时，他发现高楼要倒了，于是叫道："彬彬，快点帮我扶着吧，如果它倒下的话，我就白费工夫了。"彬彬说，再多加一块砖就更稳固了。

亮亮每次玩建构游戏都看着人家玩，自己从来不主动跟小伙伴玩，这次在教师的带领下，他也动起手来搭建了。

杨杨是个很有想法的孩子，他组织几个小伙伴一起搭建了一座小花园，请来睿睿看这样搭会不会倒下，睿睿说可以了，不会倒的。于是杨杨请了晴晴、小怡和彤彤来参观自己跟小伙伴们搭建的小花园。

（三）行为解读

小班幼儿在游戏中的个体差异比较明显，大多处于独自游戏水平向平行游戏水平过渡的阶段。

例如，我们发现伟伟和峰峰在建构活动中都是各玩各的，不管别人在做什么，只专注于自己的活动，与其他幼儿没有交流和沟通。

有的孩子开始有兴趣与其他幼儿一起玩，但交流的程度不够，仅仅是在一起游戏，只发生了如借还玩具、短暂交谈的行为，还没有形成明确的合作意识。

（四）教师支持

第一，在开展建构活动之前，教师要收集大量关于围墙的资料，通过记录问题、收集资料、观看视频、交流分享等来积累主题经验。

第二，教师要多观察幼儿的搭建活动，适时介入，给予幼儿相应的提示，正面鼓励幼儿努力尝试，以此来实现幼儿自己的想法。

第三，在下次建构游戏中，教师要引导幼儿之间相互合作，平衡幼儿的个体差异，提高分工、合作及规则意识。

（五）游戏亮点

让幼儿能积极、主动地投入建构活动。

小班自主游戏实例8

提高幼儿参与游戏的意愿性。

（一）游戏背景

根据幼儿希望搭建高楼的建构意愿，在活动前，我们组织幼儿看了大量的高楼图片、参观实物等，让幼儿知道自己想搭建什么高楼。

（二）游戏过程

这次游戏选择纸砖、圆木柱、拱门、木板等材料，请幼儿自由组合搭建高楼。

小宇对建构游戏的兴趣并不高，每次建构只玩一会儿就去捣乱了，而这次可不一样，也许是因为家长带孩子去看了很多高楼，所以这次游戏他玩起来很有兴趣。他用软积木搭建了一座高楼，并非常仔细地观察自己的高楼有没有倾斜。

浩浩每次在建构活动中都不肯参与，只是在旁边看别的幼儿玩，他是一个胆子很小的孩子，看到人家堆高的物体倒塌了，就捂住耳朵。在这次活动中，在教师的带动和鼓励下，他也有了自己的作品，而且是多层多栋的高楼，还主动邀请教师看他搭建的成果。

在建构活动中，珊珊没有说过一句话，每次都是默默地看着别人玩。在这次游戏的前半段时间她都是看着别人玩，后来教师让两个幼儿过去拉着她一起玩，于是后半段时间，珊珊也能跟着幼儿一起搭建了。

在这次建构活动中，峰峰还是自己一个人完成搭建高楼的任务，没有与其他幼儿一起活动，在合作方面还需要多加培养。

（三）行为解读

在刚入园时，幼儿建构游戏的经验还很少，有的幼儿拿了积木甚至不知道怎么下手搭建。教师需要跟幼儿讲解清楚材料的用法，让幼儿对积木的组合有初步的认识，这样，他们才能根据自己的兴趣进行建构游戏。

在本次活动中，浩浩表现出很大的进步，在完成高楼作品后第一时间告诉教师。教师对于这样的幼儿可以通过引导性的对话让他继续完善自己的作品，调动其积极性。

开始时，珊珊和峰峰并不了解这些积木该如何组合、拼搭，不清楚怎样将自己的想法跟其他幼儿进行沟通，在建构活动的合作上处于被支配的地位，从不会主动提出意见，教师要鼓励这样的幼儿坚持将游戏开展下去，勇于表达自己的想法。

（四）教师支持

第一，教师在开展建构游戏时，要利用幼儿熟悉的环境、感兴趣的主题，这样才能充分调动幼儿的积极性，从而全身心地投入建构活动中。

第二，为了建立一个良好的建构氛围，教师可以在游戏角的墙面上布置一些建构作品的图画和照片，让幼儿在需要的时候进行参考。

第三，加强合作建构的练习，让能力较强的幼儿在建构活动时多协助其他小朋友，争取共同进步，提高幼儿参与游戏的意愿与积极性。

（五）游戏亮点

意愿是幼儿的学习动力，只有遵循这种意愿，才能让幼儿积极主动地进行建构。

小班自主游戏实例9

好玩的线轴（一）。

（一）游戏背景

这是小一班新学期的第一次建构活动。放假回来，幼儿对建构游戏都是很期待的。鉴于当天天气有点潮湿，也是开学第一次玩，常规也需要重新建立，结合小班的年龄特点，简单少量的材料更有助于幼儿专注和投入地活动，所以我们选择了一种单一的材料，引导幼儿利用已有的建构经验，尝试把材料通过排列、垒高，摆弄出不同的造型。

（二）游戏过程

这次游戏选择了单一材料（线轴）开展建构活动。场地是幼儿园的跑道，不同颜色的线轴有序地排放着。首先请小朋友们观察一下材料，讲了一些建构时要注意的事项和常规，然后小朋友们便三三两两地自由组合起来，能力强的小朋友很快就分配好任务了。菲菲、艺艺、熙熙和琪琪、芯芯、希希又不约而同地组合在一起，他们各自去搬材料。不一会儿，琪琪就开始设计自己的独木桥了，她找了个地方把线轴一个一个地排列起来。

活动进行不到5分钟，琪琪的独木桥已经建了一大半。芯芯和希希走了过来，芯芯说："琪琪，你还需要多少个？"希希说："琪琪，我们建一个超级长的独木桥好不好？"琪琪说："我知道了，我还要很多材料，你们去搬吧。"说完，只见芯芯和希希出发做搬运小工人了。而另一边的菲菲和艺艺的池塘也越建越大，一直通向琪琪的独木桥。菲菲的池塘开花了，有红花、兰花（蓝花），艺艺说兰花也有白色的。她们还建了一个池塘的小围栏。

又过了不到10分钟，熙熙这边的兰花越开越多，一大片池塘都开满了。菲菲说："池塘里有荷花，红色的不是兰花，是荷花，蓝色的才是兰花。"教师问小朋友们："那绿色的是什么呢？"菲菲又说："那是荷叶吧。"其他小朋友也一起说："是叶子啦。"就这样，他们眼中的"走独木桥去池塘，开了美丽的花"成型了。

（三）行为解读

小班幼儿的建构经验还处于积累阶段，当见到同伴有某一行为后，即会出现模仿现象，如幼儿说开花，便会开出许多花。

大部分幼儿处于独自游戏水平向平行游戏水平过渡阶段，能力强的幼儿会在活动中加上自己的言语表达。

（四）教师支持

第一，根据年龄和本班幼儿的特点，从提供大量相同的玩具开始，单一的材料有助于幼儿建立良好的操作常规，同时也能避免因材料不足而出现争抢的情况。

第二，有了第一次的线轴操作经验，下次可以继续引导幼儿在搭建过程中丰富玩法，如不同颜色线轴的搭配等。

第三，引导幼儿在活动中分工合作，发展幼儿之间的口语表达。

（五）游戏亮点

兰花不只是蓝色的花，还有黄色的、白色的。

小班自主游戏实例10

好玩的线轴（二）。

（一）游戏背景

有了之前玩线轴的经验，为了增加小朋友的兴趣，进一步挖掘线轴的玩法，这次建构活动教师特意增加了一种新材料——木板，有圆形的、方形的、花边形的，让小朋友根据自己的需要选择，看看小朋友能给大家带来什么惊喜和创意作品。

（二）游戏过程

钢钢是个非常好动的幼儿，在建构活动中总是表现得极具号召力，但偶尔也会"搞破坏"：对材料拿放随意、跟其他幼儿争抢。于是在这次活动前，教师又一次提醒钢钢要遵守规则，想好要建什么，需要什么材料再去拿，并对他的行为做了重点观察。在教师的提醒和帮助下，钢钢确实有了进步，还带来了"新发明"。

由于刚刚下过雨，操场有点积水，因此教师选择在走廊里进行活动，如往常一样，摆放好提供的材料，并向幼儿介绍了新增的材料，温馨提示使用的常规以后，幼儿便自主地搭配组合起来。活动开始了，幼儿三三两两结伴，忙碌起来。只见钢钢马上搬来了几块木板和两个线轴，一边搬一边对旁边的幼儿说："你们让一下，让一下，请注意，倒车。"只见蓝蓝很崇拜地在旁边双手托着腮问："钢钢，你在建什么，我可以看看吗？"钢钢马上说："不用你看，你去拿木板来，我们一起玩。"此时，彬彬也在旁边搬木板。

于是，蓝蓝加入搬木板的队伍，成了运输材料的小帮工，而彬彬拿过来的木板已经有好几块了，钢钢一边摆一边说："彬彬，你跟着我排队。"彬彬说："是这样吗？"钢钢又发挥"领导"本色，大声回了一句："对了，对了。"看到他们如此投入，教师马上表扬："钢钢哥哥，这次好棒哦，请问你们在建什么呢？"钢钢说："我们在建滑板车。"彬彬也笑眯眯地应和着。

蓝蓝又拿来了材料，他们开始在木板上来回地滑动线轴，可是很快，他们就觉得不够好玩了。聪明的蓝蓝把木板的另一头掀起了一点点，钢钢和彬彬继续滑动线轴，他们惊喜地发现，线轴滚得更快了："滑板车加速了，挑战成功！Yeah！"钢钢兴奋地说："再高点，蓝蓝。"蓝蓝说："我也要试试，你来扶这里。"经过商量，他们尝试把一个线轴放在木板下垫着，第一次成功了，好兴奋。教师说："能想想办法再抬高点吗？"

于是，他们又尝试把线轴竖着放，继续挑战将更多的线轴垒在一起。

（三）行为解读

在活动前，教师需要讲清楚常规、注意事项以及材料的使用方法。然后就可以放手让幼儿大胆地投入活动中，这也是自主建构的一个关键要素。

幼儿在小集体中的个性凸显了他们行为的个体差异性，例如，有的善于语言表达，有的善于行为表现，有的善于观察、会发现。游戏中的合作能有效促进个体的个性发展和社会交往能力。

（四）教师支持

第一，当幼儿在游戏过程中遇到不能解决或者疑惑的问题时，教师应给予及时的帮助和回应。

第二，在良好常规建立的基础上，可以逐步增加材料，从而丰富游戏的多样性和趣味性。

（五）游戏亮点

幼儿乐于接受挑战并会在挑战成功后表现出更佳的活动效果。

小班自主游戏实例11

主题建构活动"动物园"。

（一）游戏背景

有了前几次的自主建构经验，小朋友们对建构活动的兴趣越来越浓厚了，活动的常规和材料的收放都有了很大进步。于是，教师便尝试让幼儿体验一下主题建构。动物是幼儿最熟悉的话题，他们都有过参观动物园的经验。于是我们在班里开展了关于建"动物园"的计划，小朋友们都很兴奋，但由于主题建构经验的缺乏，加上小班幼儿的语言表达还不够丰富，因此在活动前，我们组织小朋友们结伴分组，围绕"动物园"主题开始游戏。

（二）游戏过程

这次的活动场地依然是跑道。一如既往，在活动前，教师向小朋友们介绍了活动中可以选择的材料，结合主题，提供了大量的动物玩具、草皮和软体积木等。只见以亮亮、妍妍为队长的这一组很快就拿来了几块草皮和一些动物，组员俊俊和菲菲也很快地陆续送来动物，他们开始了简单的点数："一、二、三。"

教师说："小朋友们，你们这里很热闹哦，能介绍一下你们搭建的东西吗？"亮亮马上说："老师，我们这里有很多动物，我们的动物园很大。"菲菲说："这里有老虎、犀牛，很凶猛的。"教师说："那你们的动物园没有围墙，会不会很危险呢？"此时，小朋友们似乎意识到了问题。

菲菲说："那我们这个是大草原呗。放假的时候，我和爸爸妈妈去过草原，也看到很多动物在草原上的。"其他小朋友也马上说："对，我们建的是草原。"妍妍还拿来了小树装饰。此时，旁边的另一组小朋友的动物园也建好了，他们同样选择了草皮，把动物们一字排开，旁边还多加了一些软体积木，说是动物园的大门。蓝蓝在旁边还建了一个让动物休息的地方，旁边摆了几棵树，说是用来给动物们遮太阳的。总的来说，他们还是处于一个模仿的阶段，很容易受同伴的影响，所以搭建出来的作品基本相似。

（三）行为解读

初次尝试主题建构，幼儿在游戏中还是很投入的，尽管他们对很多概念（如动物的分类）都不清楚。在游戏过程中，幼儿明显对动物园的概念只表面地停留在有很多动物在一起的画面，而对动物园里有哪些场地，动物的家应该如何划分都不清晰，于是本次活动可以在下一次主题活动中进行延伸，这样可以丰富幼儿的生活经验，有助于提高建构活动的真实程度。

（四）教师支持

第一，应善于发现幼儿在生活中的兴趣和相关的经验，并有效地加以引导。

第二，在游戏结束后，教师应及时进行有价值的分享，发现活动中存在的知识，及时进行教育并做相关的迁移，如游戏中涉及的动物排序和分类。

（五）游戏亮点

幼儿能把自己在生活中的经验迁移到游戏中，使游戏更丰富和真实。

第三节　中班幼儿户外自主大型建构
游戏的开展

中班自主游戏实例1

对材料的多次尝试。

（一）游戏背景

幼儿刚升中班，熟悉并掌握那些较简单材料的搭建方法是本游戏背景阶段建构游戏的重点。观察的重点是幼儿在遇到小挫折时如何坚持和应对。

（二）游戏过程

菲菲很快就搭建了一个体育馆，兴奋地叫老师过去欣赏。恰巧在这个时候，漂亮的体育馆在大家面前倒塌了，一旁的彤彤"啊"的一声，很是着急。

菲菲安静地站了一会儿，重新收拾材料，开始了第二次的体育馆搭建，这次还是把椰汁罐放在了最底层，依旧很安静、很细致。

可是才刚建到第二层，"轰"的一声，再次发生了倒塌，教师都捏了一把汗，静看菲菲的反应。

这次，菲菲叹了声气，蹲着看了倒塌的瓶罐好一会儿，突然默默地走向旁边慧慧的小建筑旁，依旧是安静地看着，没有提问。

菲菲回到自己的体育馆倒塌的位置，开始了第三次搭建，这一次，她终于对旁边的彤彤说："我需要四个大的奶粉罐。"这一次，她将奶粉罐放在了最底层。

到了第二层，一丝不苟的菲菲拒绝用不同颜色的罐子，只选择同一颜色的罐子，而且罐口必须朝上，整齐划一。

在活动结束前，菲菲终于把这个漂亮结实的体育馆搭好了。

（三）行为解读

从本次的建构游戏中可以发现，菲菲是一个专注力和坚持性都比较强的孩子，她在经历了两次失败后，依旧独自继续尝试搭建同一件作品，没有轻言放弃，在她的坚持下，最终完成了自己的大作。通过这个案例，教师看到了幼儿身上的几个闪光点：第一，只要给他们提供材料，他们就能交给你一个独一无二的佳作；第二，相信幼儿，他们解决问题的能力无限大；第三，不要打扰幼儿，他们探索的步伐会教给我们更多知识。

（四）教师支持

第一，当幼儿在搭建中遇到小挫折时，教师可以引导幼儿去借鉴别人的经验。

第二，在下次活动前，可以让其他幼儿观看菲菲的这个案例，让他们学习菲菲坚持不懈的优秀品质。

第三，教师要做一个安静的观察记录员，不要轻易打扰幼儿。

（五）游戏亮点

菲菲坚持不懈的精神值得幼儿学习。

中班自主游戏实例2

巧借外物搭建坡度。

（一）游戏背景

这是班级第一次来后园草地进行大型建构活动，平坦的操场换成了柔软的、有很多大型器械的草地，搭建的主题就是如何借助大型器械进行建构游戏。

（二）游戏过程

熙熙和几个小朋友两两合作拿来了几把梯子，在经过琢磨和商量后，他们选择把梯子的一边搭在平衡木上，一边放在草地上，这样便出现了一个坡度。

山山和希希简单地利用一块长木板和一块方木墩成功地与垂吊架构成了一个三角形，快乐地玩起了"运输木板"的游戏。

俊俊则选择把不同的木板搭在大型塑料积木上。

平常活泼好动的钢钢则一个人选择了垂吊架的下面，利用窄木板和小方板与原有的垂吊架进行简单的连接，搭建了一个"安全通道"和"报警器"，引来了小朋友的围观。

（三）行为解读

对于场地的更换，幼儿的兴趣没有因此有丝毫减少，反而通过人与人的合作搬运材料，借助物与物的合作搭建作品，其中的智慧和创造力令人惊喜。

（四）教师支持

第一，对于平常活泼好动的幼儿来说，在建构过程中给他们安排一些任务能更好地满足他们的成就感。

第二，在下次活动前，及时总结分享本次游戏中的优秀案例，树立榜样，逐渐增强能力弱的小朋友的自信心和参与游戏的兴趣。

第三，有序投放建构辅助材料，让幼儿自己把控好建构次序，合理搭建。

（五）游戏亮点

"安全通道"和"报警器"等作品比较有创意。

中班自主游戏实例3

巧借外物搭建坡度。

（一）游戏背景

因为有了上一周草地建构的经验和活动后的分享，幼儿积累了几种搭建坡度的基本方法，所以今天的建构活动开展得比较自主，幼儿在一开始就有了比较清晰的建构目标——坡度。

（二）游戏过程

这次都是班上孩子巧用材料之间的配合而建成，相比上次仅有的几个坡度创意，这一次很快有了不同的坡度。幼儿会利用更多的现有器械与合适的材料巧妙结合：有利用梯子与垂吊架简单搭建的情境坡度"上屋顶收衣服"，有运输快件的通道，有高架桥，有威猛的坦克，有烤肉架等佳作。

（三）行为解读

在建构游戏中，幼儿表现出较强的专注力和合作能力，建构出很多漂亮的作品。但是，活动中也出现了一些小小的碰撞，那就是虽然木质材料给幼儿提供了丰富的创作空间，但是由于场地、幼儿的搭建创意、所选择的材料等各种因素，游戏中难免会发生一些小状况。在之后的建构活动中，教师还需提前和幼儿一起商量对策。

（四）教师支持

针对场地的不同，教师可以采用一些能替代木板类材料的轻便材料，与幼儿讨论重材料如何巧用技巧进行建构。

在接下来的分享活动中，应该着重讨论与总结如何让幼儿学会排查建构中可能存在的危险等话题，给幼儿营造一个不仅创意无限、材料无限，而且安全的建构环境。

（五）游戏亮点

与生活常识相结合是本次的亮点，如"上屋顶收衣服"。

中班自主游戏实例4

第一次的尝试。

（一）游戏背景

之前幼儿一直没有接触过梯子、木板之类的材料，在活动前，教师先组织幼儿观看了以前哥哥、姐姐搭建时的"壮观"场面，详细介绍他们是运用哪些材料建构的。

（二）游戏过程

因为幼儿是第一次尝试用木梯，所以教师没有搬太多木板出来，以免幼儿搭建过高。在游戏中，教师把幼儿分成了几组，蓝蓝和洛洛觉得没有玩过梯子，不想去尝试，还是蹲在地上搭草地。

由于梯子占地面积比较大，因此教师要求几个小组的距离要拉开一点。在搬梯子的时候，一个人的力量是不够的，杰杰很聪明，他叫来几个男孩和他一起将梯子搬到跑道的另一边。

梯子摆好了，烨烨在两个梯子中间摆了一块木板，说是动物园的空中花园，还在木板上面铺上了草地。

在活动结束后，师生回到班上就刚才的活动进行了一个简短的分析。菲菲作为小组长，讲了自己是怎么带领组员搭建动物园的。曦曦告诉其他小朋友刚才搭建时自己是怎么和烨烨合作把木板搭起来的。

（三）行为解读

因为幼儿年龄小，不敢给他们用一些比较大型的材料，要顾忌安全问题。在摆放木梯时，幼儿的力量还是有点弱（对于中班幼儿来说，梯子有点大），需要教师一个一个地从旁帮忙摆放。教师怕幼儿搬不动，于是第一次就先用短木板当"桥梁"，这样幼儿可以方便搬动。本次建构活动整体效果还不错，幼儿很有兴趣。

（四）教师支持

第一，在面对大型建构材料时，幼儿是很兴奋也很迷茫的，他们不知道该怎么"驾驭"它，教师语言上的鼓励和引导给予了他们信心。

第二，在活动中，让幼儿尝试分组进行，引导能力强的幼儿充当小组长，使能力弱的幼儿面对新接触的材料有一定的自信心和兴趣。

第三，设立小组长也使幼儿学会了什么是合作。

（五）游戏亮点

中班建构游戏时的重点是学会合作。

中班自主游戏实例5

建构游戏中的趣事。

（一）游戏背景

在上次的游戏中，幼儿尝试用梯子和短木板进行游戏以后，他们对这些比较大型的建构材料很感兴趣，每次经过这些材料的时候，总是"虎视眈眈"地盯着。尤其是有部分孩子还追着问教师什么时候可以用长木板，因为他们看见大班的哥哥、姐姐建构的时候用过。

（二）游戏过程

这次，教师添加了一些长木板，但对于中班孩子来说，这是需要合作才能搬运的。"大力士"杰杰一定要自己搬运，中间拿、拖着走、竖起来，宇宇想过来帮忙，但是杰杰生气地一边搬一边"赶走"来帮忙的小伙伴："你们走开，走开，我自己来，不要你们帮忙，我自己一个人就可以了，你们快走开。"

宇宇不听他的，硬是帮他搬起了另一头，雪雪看见了，也赶紧来帮忙，可能杰杰感觉自己还是有点力不从心，于是便没有再推辞同伴的好意了。游戏后分享，杰杰很自豪地介绍自己的作品，说到如何搬运长木板时，教师感觉他有点不好意思了。

（三）行为解读

在活动中，幼儿的合作意识需要不断地增强，他们还沉浸在小班桌面游戏时自娱自乐的模式里。

（四）教师支持

第一，在幼儿产生纷争时，如果没有出现危机（如人身伤害事故），教师就应该尽量避免立刻进行干预，待在一旁观察，让他们自己解决问题。

第二，幼儿只有通过亲身经历，才会明白问题出在哪里，教师要做的是观察并做好随时提供支持的准备。

（五）游戏亮点

幼儿明白一个人的力量是不够的。

中班自主游戏实例6

巧妙运用小木桩。

（一）游戏背景

以往幼儿都是在梯子上摆放木板，因为梯子摆放起来比较稳，这次想让幼儿尝试用木桩进行搭建，虽然会有难度，但是幼儿很开心。

（二）游戏过程

因为是第一次尝试用木桩，所以在活动前，教师先给幼儿示范了木桩如何摆放、怎么拿。刚分完组，男孩们就一个个勇往直前地去抱木桩了。因为木桩的横截面积小，所以摆放起来就需要孩子的耐心了。

平时在班上，轩轩和宇宇两个小捣蛋就像"自由之神"一样，老是坐不住，今天却相当认真。可就在这个时候，只听见"咣当"一声，木板掉下来了，难道是他们耐不住性子啦？教师仔细一看，原来是维维想着自己身材矮小，便在木板下面钻来钻去，没想到不小心碰倒了木桩，木板塌下来了。

宇宇立刻发火了："坏维维，你干吗把我们的东西碰倒？你快来把它修好。"教师没有出声制止，只是在旁边看着接下来他们会怎么样。维维刚想说什么，这时候，一旁的轩轩说了一句："没关系，我们重新搭就可以啦，不然没时间了。"宇宇一听，像是想到了什么，二话不说赶紧"修补"起来。维维感到不好意思，也去帮忙了，这次他们改变了设计。

（三）行为解读

一直考虑孩子的安全问题，在游戏前再三交代注意事项。游戏开始后，幼儿都操作得非常好，搭建的时候都是小心翼翼的，建筑物也要成型了，可是在这个时候，因为个别幼儿在穿插中的不小心，使得某些地方出现坍塌现象。下次游戏前，教师要好好和幼儿分析这次使用木桩的感受，以免类似情况再次出现。

（四）教师支持

第一，在游戏中遇到上述情况时，选择让幼儿自己解决问题，不参与他们的"纷争"，因为幼儿已经长大了，有能力解决这种小问题。

第二，适当的"放手"是对幼儿的信任，使他们对自己的能力有一定的自信。

（五）游戏亮点

出现"意外"没什么大不了，或许还有意想不到的收获。

第四节　大班幼儿户外自主大型建构游戏的开展

大班自主游戏实例1

欢乐水上乐园——打水仗。

（一）游戏背景

炎热的夏天到了，为配合季节性的变化，本次游戏的主题为"游泳池搭建"，同时让幼儿脱去上衣，尽情地享受日光浴。

（二）游戏过程

大班孩子有了更多自己的想法，于是这次教师让幼儿自己构思游戏内容。刚开始，幼儿都没主意，元元说："天气这么热，我想到泳池里玩呀！"宇轩说："我也想玩打水仗。"幼儿对这个话题非常感兴趣，讨论得异常激烈。于是我们决定来一场"欢乐水上乐园——打水仗"的游戏。

在游戏开始后，幼儿结合自己与小组成员的想法，一起寻找搭建泳池的材料，杭杭与轩轩说："我们来做个游泳池吧，然后泡在里面玩水！一会儿打水仗时可以躲进去。"此时，嘉浩调皮地钻进了圈圈里，让两个孩子推动着他前进。另一组悦悦和滢滢则来到大型积木架里抽取了一根长长的积木，然后说道："我们要用这个来做小板船，可以在水上划来划去。"

另一侧，曦曦与伟伟拿着纸砖头在商量着什么，神情非常认真。伟伟说："在这里用一块砖头架起来做一个大洞，这样可以放水枪。"曦曦说："那我们就在旁边多做几个大洞吧，这样就可以躲在大洞里打水枪啦！"

文康他们把大圈圈摆放好了，还安排其他幼儿一起拿更多的砖头叠高，他说："这样可以防止别人往这里洒水，有着保护的作用。"

各组商量好了，于是大家都忙碌起来。在大家齐心协力的合作下，各组的"水上乐园"很快完工了。

幼儿们已经坐上灌灌他们组所搭建的"水上小船"去好好地体验这种乐趣了。

元元与文康这组还在忙着完善他们"水上乐园"里的设备，轩轩说："我们把里面的位置弄大点，一会儿我们可以坐进去，在这里可以多放点'弹药'。"

曦曦和几个幼儿已经把自己的水上城堡建完了，现在他们开始进行打水仗前的实战演练。

最后，大家的水上乐园都完工了，幼儿一听到教师下的指令，便开始了打水仗，只见幼儿们拿着他们之前准备好的"水枪"（彩色纸砖头），用专业的姿势来瞄准对方，嘴里还发出了"呼呼呼"的声音。幼儿们都很兴奋地投入了整个游戏当中。

（三）行为解读

大班幼儿的建构想法有着自己独特的一面，他们能把平时的生活经验融合在游戏活动中。同时大班幼儿也喜欢在游戏中做一个"小领导"，喜欢在游戏中发挥自己"出谋献策"的作用。在这次游戏活动中，幼儿的主动性很高。

幼儿在完成了自己建构出来的"水上乐园"后，都很清楚今天的游戏并没有结束，因为他们期待着下一个更精彩的环节。当教师宣布"水上乐园打水仗开始了"，幼儿们便拿着自己的"水枪"与大家一起对抗起来。在欢呼与激烈的对抗中，幼儿开心、投入地游戏着，这就是幼儿在游戏中最大的收获与最真实的反应。

（四）教师支持

第一，游戏的目的是给予幼儿一个自由、自主的空间，为幼儿提供进行操作、实践与探索游玩的机会。在大班幼儿游戏中，教师要让幼儿成为游戏的主人，把游戏的主动权交给幼儿，让他们自己去策划、制作，这样可以让游戏更具魅力。

第二，在游戏中尊重幼儿，读懂幼儿在游戏中的各种行为。同时建议幼儿以小组形式来开展建构游戏，这可以让幼儿在小组中相互商量、讨论与合作等，共同达成他们所策划的游戏目的，并且能提高他们相互学习的能力。

第三，把握更多的机会，让幼儿在游戏中除了可以建构出游戏的作品外，还可以享受作品带来的游戏体验，让活动更具有游戏趣味。

（五）游戏亮点

幼儿能结合当时的天气来自主策划游戏的内容，在整个游戏环节中，幼儿有着充分的自主性，可以自由设计自己喜欢的游戏，并能很好地与同伴商量和合作，掌控整个游戏的主动性。

大班自主游戏实例2

长城——迷宫。

（一）游戏背景

在建构游戏活动中，教师给幼儿增添了一种新的材料——木板，因为这种游戏材料是大班幼儿没有接触过的，所以在游戏前，教师与幼儿一起商量如何在游戏时安全地使用这种材料。于是在游戏开始前，幼儿便具有了初步保护自我的意识，如每人戴上一副手套来进行游戏。

（二）游戏过程

由于木板比较重，在使用过程中需要幼儿之间相互配合，因此幼儿在活动前就已经选幼儿自己的小助手。本次活动的主题是"迷宫"。在游戏开始时，幼儿会根据木板的重量进行两两合作的操作。在幼儿熟悉了木板的操作技能后，个别幼儿开始尝试独立操作。宇宇尝试着自己搬动长木板，然后放在另一个木柱上，但由于宇宇的个子不高，搬动这根长木板有点吃力，因此他叫来小助手才才帮忙："才才，快点过来帮忙呀！"才才看到这番情景，便马上跑了过来，同行的还有意意与嘉浩。嘉浩看到轩轩摆放木板的另一端缺了一根木柱，于是马上搬了一根木柱衔接上。最后，大家都很细心地将木板摆放平衡。

正当他们想要离开时，长木板出现了摇晃的现象，宇宇大声叫道："不要倒呀！"俊曦马上扶住长木板，其他幼儿也纷纷上前扶住长木板。

宇宇弯下腰，仔细地探索长木板站不稳的原因。最后他发现，原来其中一个角没有平衡，于是他找了几根小木棒并将其塞进不平衡的缝里，但是几次尝试之后，还是没办法让长木板保持平稳，宇宇便将小木棒从粗到细一一试了一遍，直到长木板平稳为止。"哦！终于站稳啦。"宇宇长长地吁了一口气。但他还是不放心，于是让曦曦站在长木板旁边扶着，他又检查了一遍，确定长木板放稳后，才放心地与伙伴做其他的事情。

见到宇宇不需要帮忙后，意意与嘉浩来到另一边忙了起来。为了防止长木板在穿过已搭建好的迷宫架时将其他搭建好的木板撞倒，意意小心翼翼地弯着腰，抱着长木板缓慢前行。此时的嘉浩正抱着木柱子等意意拿来长木板，他准备用这根长木板在另一个迷宫架上建一座衔接桥。可是尝试几次后，他们发现，这座衔接桥有可能会影响另一个桥架，并导致其倒塌，最后他们放弃了这个想法。

意意的那根长木板一端仍放在木柱上，形成一个斜坡。嘉浩看到这个斜坡，开心地从其他地方拿来一个白色线轴放在这个斜坡上，只见白色线轴在斜板上"咕咕咕"滚了下去。意意说："哇！这样很好玩呀！"于是，他们便在这里玩起了滚线轴。

在幼儿的共同协作下，一个大型迷宫搭建了起来，他们开始欢快地在迷宫里游玩起来。有的在爬行；有的躺在迷宫线上进行前移；有的拿着棒子当作拐杖，弯腰行走着。

（三）行为解读

在建构活动中会出现各种材料让幼儿去接触与尝试。幼儿在尝试与体验当中学会了勇敢地接受各种挑战，在游戏中，他们也学会了按材料的性质去搭建自己的作品。这些行为建立在大班幼儿合作协调能力不断提高的基础上，同时也可以进一步提升这些能力。

（四）教师支持

第一，在游戏中，教师提供不同性质和多样化的材料可以满足幼儿游戏的需要。

第二，当教师提供新材料时，应该引导幼儿如何正确、安全地使用，加强幼儿自我保护意识和能力。

第三，在之后的建构游戏中，教师应该进一步促进幼儿在游戏中的合作与协调能力。

（五）游戏亮点

幼儿尝试让长木板稳固下来的坚持让人感动，在整个游戏中，幼儿的合作精神与合作技能得到了很好的体现。

大班自主游戏实例3

开心火锅城。

（一）游戏背景

幼儿园新增加了圆形与方形的木板，这些新材料的投放吸引了幼儿的眼球。教师使用这些新增加的材料开展了一次季节性活动——"打火锅"，主要目的是提高幼儿在实践活动中使用材料的能力。

（二）游戏过程

幼儿对新加入的材料充满了好奇，在自由分组后，大家很快开始了活动。

俊曦拿着四块长方形木板进行组装，之后对同组小伙伴说："这是电脑，我们要吃什么菜，在电脑里按一下就行啦！"这一个小小的举动让人很感动，孩子发挥了其与父母在火锅店进餐时的经验。

梓凌说："在电脑旁边加两个板吧，这样可以挡住火锅里的水，电脑就不会出现问题了。"

十来分钟后，俊曦组的火锅店差不多完成了。这时，衡衡拿着一个长长的纸筒放在"火锅"（圆板）上，俊曦看见后，试图阻止，衡衡说："火锅炉里有这个东西的，我平时涮牛肉锅时，就看到中间插着个长长的东西。"梓凌接着说："对呀！我也见过。"俊曦听他们这么一说，觉得有道理并接受了这个想法。接下来，大家继续投入游戏活动中。

在另一组，嘉浩与小伙伴们将"火锅"用大圆板围了一圈，他们解释道："这是垫子，是给客人们来吃火锅时坐的。"没想到，孩子们如此细心和贴心。

嘉浩与小伙伴忙完火锅炉的摆放后，转过头来问艺艺："艺艺，你的工作完成了吗？"艺艺说："等等，我正忙着，这里的厨房差不多完成了，我们一起来加油吧！"教师问："为什么这里要有个厨房？"艺艺说："这个厨房是用来放食物的，以前我去吃火锅时，看到火锅店里的厨房很大，里面有很多蔬菜和食物。"于是，嘉浩也参与进去进行搭建。在厨房的搭建工作完成后，艺艺跑到厨房的另一边用彩色纸砖建了一条长长的小弯路。此时，后面的伟伟跑了过来，艺艺马上紧张地对他说："你不要过来破坏我的水管呀！"伟伟好奇地问："这水管是用来做什么的？"艺艺用很神气的语气对伟伟说："厨房洗东西的脏水可以从这里流出去，这你也不懂呀？"大班幼儿的表现力逐渐增强，开始学会自信、主动地表达自己，但受到发展各方面的限制，虽无恶意，但无法婉转表达。为了培养幼儿礼貌表达的习惯，这时，教师可以做出相应的干预，例如，可以告诉艺艺应该礼貌地告诉伟伟自己在做什么。

在各组的火锅店完成后，小伙伴们进入火锅店里，开始慢慢地"品尝"各种"美食"。

此时，我们发现嘉浩组的泳欣不见了。抬头一看，才发现她跑到了火锅店的另一个角落里，教师问道："泳欣，你在这里干吗呢？"泳欣说："我在这里收钱呀！他们吃完了火锅后，要在这里买单的。"泳欣刚说完，艺艺便走了过来配合地说："老板，买单。"

（三）行为解读

第一，在建构游戏中，幼儿对任何一种材料的玩法、摆放、组装都有着自己独特的想法，应该得到尊重。

第二，大班幼儿的生活经验逐渐丰富，在建构活动中逐渐能够结合生活经验进行建构，建构的内容也越来越丰富。

第三，虽然大班幼儿的观察、创作、合作以及言语表达能力在建构游戏中得到了很好的体现，但仍然需要进一步帮助幼儿形成礼貌表达、友好合作的习惯。

（四）教师支持

第一，尊重幼儿在游戏中的自由组合形式，引导幼儿在游戏中选择合适的同伴共同合作。

第二，教师结合活动需要，适时、适当地给予幼儿材料操作的正确指导，避免安全事故的发生。

第三，在材料投放中，除了常规性操作材料的投入外，教师还可以添加一些角色扮演的道具，丰富幼儿的建构游戏。

（五）游戏亮点

丰富的生活经验可以让幼儿在游戏中游刃有余地表现自己，幼儿投入、专注、积极和主动的建构精神很是让人感动。

大班自主游戏实例4

创意建构——遥控小车。

（一）游戏背景

在开展建构活动中，幼儿最喜欢把自己平时喜欢玩的游戏、经验与之融合在一起。在建构活动中，幼儿扮演着自己喜欢的角色，建构自己喜欢、想象中的东西。

（二）游戏过程

小古和豪豪平时就爱一起玩，也是班上比较能干的小朋友。一开始，只见小古手上拿着一块小木板，两个大拇指在木板上使劲按，豪豪操作着一个由两个线轴和圆木条拼搭的小车。小古边按木板边说："向前、向后……紧急跳跃模式，Boom！"豪豪就听着小古的指令操控小车向前、向后……最后豪豪拿着圆木条跳了起来。

细问之下才知道，原来小古手上拿的是小车的遥控器，豪豪扮演小车，控制小车的运动。两人还会互相交换角色，体验"遥控车"给他们带来的快乐。

（三）行为解读

在整个过程中，小古和豪豪两人都是在愉快、轻松、自由的氛围中进行的。因为很多男孩都爱玩遥控小车，也都玩过，所以他们是在已有经验的基础上来搭建的，运用不同的材料有创意地搭建自己所期待、感兴趣的东西。

（四）教师支持

第一，教师在观察的时候静静地站在一旁，而不去打扰小古和豪豪的游戏，给了幼儿足够自由的空间来发挥创意想法。

第二，创意建构值得向其他小朋友推广、介绍。在活动小结的时候，教师请小古和豪豪在全班幼儿面前介绍自己的创意。小古和豪豪十分自豪地在大家面前展示自己的作品。

（五）游戏亮点

生活与游戏相结合的合作创意建构——遥控小车。

大班自主游戏实例5

创意建构——摄像头。

（一）游戏背景

大班小朋友的社会生活经验已有一定积累，他们喜欢在建构游戏中加入自己生活中的经验元素。

（二）游戏过程

这一游戏由5个小朋友一起合作，一开始没有商量怎么建构，只说要建一个"监狱"，于是几个人都把自己拿到的材料摆在一起，中间凸起来的是摄像头，下面的线轴是"犯人"。搭建了一会儿，他们停了下来，觉得这样搭建不好，要重新进行设计。

于是，他们重新摆放已有的材料，并增添了一些新材料，使整个作品看起来更加大气，他们每人控制一个摄像头，还用线轴当椅子。航航坐在地上，认真观看摄像头拍到的东西。

教师看到越越旁边有个由两块小木板搭建的东西，问他那是什么，他说："这个是刷卡机，是保护这个监狱安全的，要刷卡才能进去，没有卡是进不去的。"在搭建好整个作品后，他们5个人各负责一个摄像头的控制，只见越越扶着摄像头下面的小木条转来转去，认真地监控，忽然又从旁边拿了一个线轴放到摄像头上面，原来他是想用线轴来转换摄像头的方向，使摄像头能够更加容易地转动，真是聪明的孩子。

（三）行为解读

在建构过程中可以看到，幼儿可以自己发现存在的问题以及需要改善的地方，然后通过与同伴进行沟通，重新调整自己的建构方向，以此来达成自己想要的结构，得到自己想要的东西。

（四）教师支持

第一，教师静静地在一旁观察，让幼儿自己发现、改善自己的建构作品，给予幼儿足够自由的空间来发挥创意想法。

第二，创意建构值得向其他幼儿推广、介绍，在活动小结的时候，教师请这组的小组长在全班幼儿面前介绍、展示该组的创意。

第三，在以后的建构活动中，教师可以增添更多的材料，从而激发幼儿更多的创意想法。

（五）游戏亮点

在活动中能够发现不足、及时调整自己的作品，让自己的创意想法得到更好的发挥。

大班自主游戏实例6

好玩的纸箱建构游戏。

（一）游戏背景

《指南》指出："教师要学会指导幼儿利用身边的物品或废旧材料制作玩具、手工艺品等来美化自己的生活或开展其他活动。"

（二）游戏过程

在大班的集体建构中，教师给小朋友投入了新的材料——纸箱。在玩之前，教师并没有强调它的玩法，只告诉小朋友这里有好多纸箱，让他们动脑筋想想看可以怎么玩，如何把它们运用到建构里，看看小朋友到底能玩出什么花样。下面是小朋友的创意想法：只见姗姗直接就往箱子里面钻，说那是她的家，住在里面好温暖。

纸箱竖着放是可以打开的，横着放会塌下来。只见悦悦和嘉嘉在尝试往箱子里面放纸墙砖，希望能把大纸箱横着立起来。

小古说那是他的火箭发射台。

滞滞用自己的身体把纸箱横着撑开，然后躺在里面，他说那是睡觉的床。

越越用纸箱、纸墙砖、木条搭建了一条隧道。

欣欣和霏霏用纸箱与一些木圈、线轴搭建了两个鱼塘。箱子里面不同的东西代表的是不同的鱼。

（三）行为解读

教师提供的材料都是一样的，为什么幼儿能够建构出不同的东西呢？这就在于每个幼儿的生活经验都是不同的。他们会把自己见过的、听过的运用到自己的建构中，再经过自己的创意，这样就变成独一无二的属于他们自己的建构作品。

在建构过程中，有的可以独立一人完成，有的需要与其他幼儿一起合作，共同完成，这就锻炼了幼儿的社会交往能力和动手能力。

（四）教师支持

作为一线教师，应该在日常活动中多一个心眼，找一些既能简单收集又能灵活使用的废旧品，因为它们可以成为幼儿游戏中的关键物质基础。它们不仅能丰富幼儿游戏的内容和形式，还能激发出幼儿的游戏动机和游戏构思，引发幼儿的游戏联想和游戏行动。

（五）游戏亮点

废旧物品利用，好玩的纸箱建构游戏。

大班自主游戏实例7

木板的创意联想。

（一）游戏背景

任何一种游戏都有其内在的价值，对幼儿的创造力、想象力、思维、语言等的提高都有所帮助。大班幼儿对建构游戏更是存在着浓厚的兴趣，教师要帮助幼儿更好地激发想象力、创造力，发挥幼儿的潜能。

（二）游戏过程

随着自主建构游戏的开展，每次设想新的建构活动时，教师都很为难，同样的一些材料，怎样让小朋友既能创新搭建又契合主题呢？

出乎意料的是，每次小朋友们都有新的想法，同样的材料经过不同的组合、搭建，又体现出新的想法和创意，而这些想法也激发了教师的思维。可以肯定的一点是，如果这些材料在教师手上，应该不会像小朋友玩得那样好。

小古和淆淆用两块木桩做成支架，将一块木板放在支架上面，这样，一个跷跷板就做好了，还可以坐在上面玩呢，真棒！

同样是用木桩做成支架并在上面摆上木板，小愉和廖廖搭建的是高速公路，她们说车子可以在上面行驶，然后去很远很远的地方旅行。

越越和豪豪搭建了赛车道，但没有赛车，于是他们就用圆形木板代替做实验，不过圆形木板滚下来的时候很容易滚到车道外面去。越越说："不行，还要进行改良。"越越不断地尝试，想用不同的方法让木板在滚下来的时候不要滚到车道外面去。

轩轩和萱萱搭建了秘密基地，他们说下雨能挡雨，还能坐在里面聊天、看星星。

媛媛和小宜搭建了高架桥。小宜说上面的木板怎么放都放不好，最后好不容易才放稳的，但是要小心，不然待会儿又掉下来。高架桥下面还种了好多花草，这些是美化环境用的。

福福一个人搭建了马路，一直通往很远的地方，他说中间凸起来的地方是一座桥。

（三）行为解读

材料越丰富，幼儿在游戏中通过操作获得的感官经验就越多。建构游戏对幼儿的动手能力及手眼协调能力都有着重要作用，更重要的是在建构游戏中，幼儿的创新能力不断得以增强，想象力和创造力不断得到发展，主动学习的积极性也不断提高。

（四）教师支持

在建构游戏中，最重要的是教师及时提供给幼儿丰富的材料，还要懂得忍耐，不要一看到幼儿遇到困难就冲过去帮忙，要让幼儿自己想办法解决问题，并且学会与同伴一起合作。

（五）游戏亮点

使幼儿的良好品德得到发展，不怕困难，勇于接受、面对挫折，战胜自己。

大班自主游戏实例8

材料的有效取放。

（一）游戏背景

每次建构活动时，都有小朋友在一开始的时候就不断地拿很多材料摆到自己的旁边，但是拿回来的材料用不完，就堆在旁边，没有及时放回该材料的篮子里，当别的小朋友想用时又没有材料。

（二）游戏过程

针对这一情况，教师特意进行了观察并拍照记录，希望通过实例和照片的展示来引导幼儿及时发现存在的问题，并知道这是不好的，因为除了会阻碍建构的场地外，还会影响其他小朋友使用材料，这不是一个好的行为习惯。

姗姗、嘉嘉和彤彤想用木条来搭建花架，但是发现木条太小了，站不稳，于是就放弃用木条了。虽然木条不用了，但是他们没有把木条放回原位，只是把木条放在一边就不管了。

在使用木条失败后，姗姗他们准备改用小长木片，但是发现小长木片还是不能稳稳地站起来，于是又放弃了，并且把小木片还是放在一边就不管了。

他们放弃了搭建花架，改用草皮、花圈、花球等建造小花园，但是他们之前不用的材料仍摆在旁边，没有放回原来的篮子里。

军军和越越也是一样，拿了大量的长木条、木板，但是没有使用，就放在一边，并没有放好。

琳琳、明明和承承这一组本来材料摆放得很好，旁边没有多余的材料，但是后来他们的作品倒塌了。倒塌后，他们开始重建，重建后的作品与之前的不一样，使用的材料也有所不同，于是地上就堆了很多用不上的材料，没有人主动去收拾。

（三）行为解读

第一，幼儿担心自己的材料不够用，于是一开始就大量地拿材料。

第二，在幼儿用完一种材料后，没有将多余的材料放回原位，导致材料在地上既占地方，又让一些需要该材料的幼儿没有材料用。

（四）教师支持

当教师发现幼儿的不当行为时，在情况不是很严重的情况下，教师没有制止幼儿，而是把他们的不当行为以拍照的形式记录下来，让幼儿事后讨论这种行为是否合适。

（五）游戏亮点

通过观看照片，让幼儿自己发现问题，从而改善自己的建构行为。

大班自主游戏实例9

同伴间的合作与配合。

（一）游戏背景

现在的孩子从小就在缺乏困难的环境中成长。在家里，他们大多生活在平静温和的港湾里，缺乏解决实际问题的机会；在幼儿园里，大多数教师也是悉心呵护。长此以往，对孩子之间的交往会产生不利影响，从而导致交往能力差、合作意识不强、参与集体活动的积极性有待提高等后果。由此可见，从小培养幼儿解决问题的能力是非常重要且必要的。

（二）游戏过程

在此次的建构材料中，教师故意增添了小竹梯，幼儿是第一次玩。在刚开始拿到小竹梯时，幼儿迫不及待地每人拿了一把，开始摸索怎么玩，他们知道小竹梯能立起来，但是要怎么才能立起来呢？这就给幼儿带来了难题。

浩浩和铭铭很聪明，他们把两把小竹梯拼在一起，这样梯子就可以立起来了，于是其他孩子也开始尝试，把两把、三把梯子拼在一起。

小宜、彤彤和小愉尝试了很久，想把两把梯子立起来。他们不是采用铭铭他们把梯子错开搭起来的方法，而是将两把梯子对撑，这个方法难度较大，梯子也很容易倒下来。

小竹梯的问题解决了，又一难题出现了：梅花要怎么才能立得稳呢？

尉峻搭了个大门，他发现把小竹梯靠在木桩上也能立起来，并且梅花也能好好地靠在大门上面。

谦谦他们组把梅花插在小竹梯的空隙中，梅花好像在竹梯中间盛开一样，美极了。

嘉嘉把小木块摆成一堆，把梅花插在中间，看看能不能让梅花立得稳，可惜这个办法行不通。

小古想了个很棒的方法：他把两条木桩并排放在地上，然后在上面摆上两层小木块，把梅花插在小木块与木桩的空隙中，这样梅花就能稳稳地立起来了。

（三）行为解读

在没有教师的帮助和提醒下，幼儿都会通过自己想办法以及同伴间互相学习，不断尝试来解决遇到的困难。

（四）教师支持

当每次出现问题时，教师往往会以权威者的身份出现并加以阻止，幼儿也因此失去了很多独立解决问题的机会，解决问题的能力也就越来越得不到发展。于是，教师特意提供了小竹梯这一建构材料，希望幼儿能够通过友好地与他人沟通，得到他人的帮助和合作。

（五）游戏亮点

通过观看照片，让幼儿自己发现问题，从而改善自己的建构行为。

大班自主游戏实例10

我们爱建筑。

（一）游戏背景

大班幼儿参加了幼儿园组织的春游活动，其中有摘桑果、植树、插秧苗、沙滩游戏等活动，在大自然中体验到了不一样的生活气息，在活动中提高了学习能力，丰富了生活经验。这次建构活动就是以"春游"为主题，让孩子们自由合作选择春游的一个场景进行建构。

（二）游戏过程

这次提供给孩子的材料比较丰富，但数量并不是很多，孩子分好组后，就开始自主建构，有建大巴车的，有建高速公路的，有建饭店的……

游戏开始不久，翔翔就用砖块搭建了一辆大巴车，还煞有介事地开着，其他伙伴看见后，也参与了进来，纷纷坐进了车里。后面的乘客还在和教师交流怎么开车去春游，当教师说这辆车可以做得更大、更完整一些时，他们又开始忙活起来。而另一边，萌萌正在用木块和木板搭建一座高架桥，而他每做完一段路，都会检查一下够不够坚固，说："可以用一些砖块来加固一下，那样就不会倒了。"悦悦与伙伴们则用梯子、木板、花草等搭建了饭庄，说："饭庄外面很漂亮，有很多的植物。"还招呼其他人来吃饭呢。

学信和伟伟是班上能力较强的孩子，他们用了很多材料搭建沙滩旁边的房子，还向来参观的教师介绍："这是房子，里面有床和桌子，外面是停车场，旁边是菜地和种蓝莓的地方。"规划得有模有样。孩子们还找来了一些动物和各式玩具，尽量让自己的作品更漂亮。

（三）行为解读

大班幼儿的建构想法已经慢慢从具体向抽象过渡，他们会根据自己的记忆和想象进行建构。同时，玩是他们最大的兴趣所在，智轩是班上比较好动和爱玩的孩子，这次他却很认真地搭建了一个动物园，虽然和此次的主题不太相符，却很认真地在建构，很好地锻炼了他做事的专注力，培养了建构游戏的兴趣。

（四）教师支持

第一，所谓自主建构就是把游戏的主动权还给幼儿，给幼儿提供一个良好的自主建构环境。

第二，在幼儿建构的过程中，教师要适当地给予幼儿关注和支持，同时给予幼儿适当的引导，平等地和幼儿进行讨论。

第三，限制游戏材料的数量，让幼儿灵活地运用各种材料进行不同的尝试。

（五）游戏亮点

在建构游戏中，幼儿都表现出了很大兴趣，在遇到问题时会与同伴讨论、商量，寻找解决方法，思维能力和解决问题的能力得到了锻炼。

大班自主游戏实例11

教室怎么样。

（一）游戏背景

大班的主题建构围绕着"幼小衔接"这个主题进行，大班的孩子对小学都有了一定的认识，对小学的生活、学习也产生了美好的想象，因而孩子就以"教室"为主题进行建构。

（二）游戏过程

每次建构，教师提供给孩子的建构材料都不是很多，主要目的就是锻炼孩子灵活运用各种建构材料，最大限度地挖掘各种材料的功能。

首先是学信和俊斌这组，他们先用砖块围起一个长方形。子励觉得教室的围墙有点矮，然后就找了很多线轴回来，把边上围了一圈，说："这就是我们的教室，没有线轴的地方就是窗户，前面是门，边上是上课铃，碰一下就会响的。"教师说："你的教室好像缺少了座位啊，你觉得呢？"他们想了想，干脆坐在地上说："可以坐在地上上课。"教师肯定了他们的想法，这何尝不是他们最真实的思维方式呢！

另一组浩霖和佳煜说要给教室做一个漂亮的门，他们用了一些木块来搭起一个门，还在讨论朝哪一边好，怎么才能做得坚固一点。而欣琦那一组却在教室里面用木块与木板做了几张桌子和凳子，说："里面的是上课的桌子，外面的是吃饭的桌子。"很有想法的孩子。少弘是本班最喜欢建构的孩子，他在教室里面做了一面很大的显示屏。教师问："这是电影院吗？"他说："你不知道吗？教室里都有这样的大电视的，这是上课用的，还可以看电影。"

（三）行为解读

大班幼儿对小学的教室有不一样的理解，虽然有一些地方做得并不是很细致，但是他们会用各种不一样的材料把自己心目中的教室建构出来，并且去美化他们的作品。

在建构过程中，幼儿会去参观别人的作品进行借鉴，并且会尝试着去做一些新的东西，这是一种很好的学习方法。

（四）教师支持

第一，教师随时关注幼儿的表现，与他们交流、讨论，并且给予他们鼓励与支持。

第二，用以强带弱的方式进行分组，关注个体的差异。

第三，游戏材料的投放要有先后顺序，装饰的材料应在游戏进程中的后半段投放。

（五）游戏亮点

幼儿能用作品去表达自己的想法，并且勇于尝试，大胆地改变。

大班自主游戏实例12

马路与房子。

（一）游戏背景

孩子对于马路已经十分熟悉了，在建构之前，孩子与教师分享了自己对马路的理解，把自己心目中马路的样子，包括马路边的房子、路灯等都描绘了出来。这次活动就以"马路与房子"为主题进行建构。

（二）游戏过程

之前我们班的孩子已经有了几次建构马路的经验，建构房子也是幼儿所擅长的。于是游戏一开始，幼儿很快进入了状态，拿材料的、建构的都有条不紊地进行着。

子强和泽轩那一组很快进入了状态，他们建了两条互相交汇的马路，他们先用大的木板和砖块搭起了第一层，然后又拿线轴和木板搭起了第二层，马路一直向前延伸，多条小路纵横交错。子强说："这是高架桥，第一层是人走的，第二层和第三层是车走的，隔开了以后，他们就不会撞到一起了。"很有想法的孩子。后来他们又用线轴做了很多小车，又说："现在是早上上班，正在堵车呢。"他们忙得不亦乐乎。

而在马路的旁边，咏珊和雅心那一组则建起了一幢房子，房子不高，只有一层，里面有几张用线轴和木板做的桌子，教师问她们这是做什么用的，雅心说："这是路上的服务区，里面是吃饭的地方，乘客饿了可以来吃饭，不用钱的。"这时旁边的咏珊立刻打断说："要钱的，只要1块钱。"然后就问教师要不要吃。教师说："那就吃一顿吧。"她们开心地笑了。这时候，旁边的一个孩子不小心把房子弄倒了，咏珊立刻跑过去把砖块扶起，说："小心一点。"然后继续装饰她们的服务区。

（三）行为解读

大班幼儿都希望得到教师的关注，每当自己的作品完成后，都想和教师分享，但是往往与同伴交往时，容易意见不合而产生矛盾，并且他们的处理方式也不尽完美。教师要引导他们与同伴和谐相处，合理地解决矛盾。

（四）教师支持

第一，幼儿在多次建构后往往会形成一定的固定思维，每次作品在材料的采用上和形式上都有一定的局限，教师要引导他们去尝试新的东西。

第二，当幼儿自己的作品中途被损坏时，要学会总结。

第三，教师及时以照片的形式记录幼儿的游戏过程，课后与幼儿分享。

（五）游戏亮点

幼儿在建构过程中都是全情投入，建构的速度很快，并且能结合自己的生活经验进行建构。

大班自主游戏实例13

一起合作更精彩。

（一）游戏背景

暑假回来，班上很多孩子都在聊自己和爸爸妈妈去了哪里玩。悦悦说："我和爸爸、妈妈回老家了，我们回老家的路上要过好多的山洞，那些都是隧道。"馨馨说："我和妈妈也回老家了，不过我们坐的是高铁，开得很快的。"棋棋说："我和爸爸、妈妈、姐姐坐地铁去广州玩了。"根据幼儿的兴趣，我们以"马路"为主题，开展系列活动，在班级主题区中一起合作建构马路。

（二）游戏过程

这次建构的主题是"马路"，馨馨建构了一条铁轨，非常有特色。可是只建构了一小段，她就去建构其他东西了。看到那么有特色的铁轨就这样中断了，真是太可惜了，于是教师走过去询问："馨馨，你建的是什么路啊？"

馨馨："是铁轨。"

教师："铁轨是怎样的？"

馨馨："很长很长的，火车在上面开得很快的。"

教师："那你建的铁轨怎么只有这一小段呢？"

馨馨："我再继续建。"

馨馨非常认真地继续拼建，还将铁轨的路线转了一个弯，很快就连接到了泓泓的加油站，馨馨走到泓泓面前询问道："我的铁轨可以和你的路连接在一起吗？"

泓泓："可以啊。"

馨馨："我可以用你的木条吗？我的用完了。"

泓泓很大方地说："你用吧。"

在征得泓泓的同意后，馨馨又开始认真地拼搭铁轨。很快，一条长长的铁轨就连接到了泓泓的加油站。

看到馨馨的铁轨跟自己的加油站连接在了一起，泓泓说："老师，我这个加油站在铁轨旁边，那些开车的人就可以到我这儿来加油了。这些是灭火器，如果着火了，就可以用它们来灭火。"

（三）行为解读

在建构活动中，经常会出现建构的场地跟其他幼儿的场地相碰撞的问题。在中、小班时，还会发生幼儿争抢的现象，但经过多次的碰撞，幼儿发现这样总会引发纠纷，产生矛盾，反而影响到建构活动继续开展下去。后期通过讨论"如果在活动中遇到材料不够或场地不够的现象，应该怎么解决的问题"，幼儿各抒己见，给出很多方法，比如要有礼貌地问，不可以直接拿，问了后等别人同意了再拿，或自己重新去篮筐里拿，征得同意后与别人一起建，等等。慢慢地，在建构过程中，幼儿争抢的行为越来越少，幼儿学会运用礼貌用语来咨询他人，达成合作目的。

（四）教师支持

在建构过程中，如果发现幼儿半途中断，教师可以适时给予鼓励，激起幼儿继续完成作品的兴趣。

（五）游戏亮点

通过合作，幼儿建构出更完整的成果——"铁轨边上的加油站"。

大班自主游戏实例14

独自建构高架桥。

（一）游戏背景

"马路"是我们班这个月的建构主题，这次是幼儿第三次建构连绵的马路。大部分幼儿每次建构的内容都不一样，可是萌萌每次都建构同一个内容——高架桥（广园快速）。

（二）游戏过程

第一次是几个同伴一起建构，第二次是两个人一起建构，这一次是萌萌自己独立建构。在建构过程中，所有东西都需要萌萌自己一人搞定，萌萌需要摆好方形木墩的距离，再将长木板放到木墩上。刚开始，木墩摆放的距离总是与长木板不一致，要么宽了，要么窄了，移动了很多次都没有摆放一致，大概过了5分钟，两个木墩的距离终于移得和长木板一样了，然后萌萌把长木板摆放了上去。

在接下来的拼建中，萌萌每次移动方形木墩时，都会先在地上摆放长木板，将长木板的一头放到第一个木墩旁边比对好，再将另一个木墩摆放到长木板的另一头，最后将长木板放到两个木墩上。

这次拼建，萌萌只花了1分钟就拼建好了。用这个方法，萌萌很快就独自拼建了一道长长的高架桥。高架桥建好后，萌萌非常高兴地告诉教师，他建的是广园快速，还跟其他小朋友的马路连接在一起。

（三）行为解读

平时，萌萌是个非常好动的男孩，很多时候都没什么耐性。但在建构活动中，他却表现得非常坚持。自建构"马路"这个主题以来，萌萌每次都在建构高架桥，从多人合作、两人合作到独立建构，其中还经常建好了一半又倒塌，然后重新再建，他没有一次放弃过。在一次次的尝试中，萌萌通过实践找到了一种独自一人也能快速建构高架桥的方法：先将长木板摆放在地面上，再将两个木墩分别放在长木板的两边，最后将长木板抬起来放到两个木墩上。从活动中可以看出，萌萌的思维一步步地成熟，在遇到问题时学会观察，去寻找解决问题的方法。

（四）教师支持

在观察萌萌建构的过程中，有好几次，教师都差点儿忍不住去帮助他，但在一次次的等待中，萌萌努力证明自己是可以的。在这次的活动中，教师只需要给幼儿提供足够的材料，静待幼儿呈现他的成果即可。

（五）游戏亮点

幼儿在实践中找到了一种独自一人也能快速建构高架桥的方法。

大班自主游戏实例15

观察、学习、创新。

（一）游戏背景

信信、煜煜、馨馨、祺祺、彬彬、励励几位小朋友在建构游戏中都有较好的创造能力和动手能力，在前两次的主题建构"马路"中，都能相互协商、合作建构，但是在这次的建构活动中却出现了一些小问题。

（二）游戏过程

在教师说自由组合合作建构时，信信、煜煜、馨馨、祺祺、彬彬、励励几个小朋友一拍即合，决定要一起合作建构马路，并推选出信信和彬彬做小组长。他们一起协商建构马路需要的材料，彬彬说要拿长木板、长木条，馨馨说还要拿矮的圆柱形木墩来搭建。

在刚开始建构的时候，他们建构的马路总是倒塌，因为他们没有将木墩摆好，就将木板摆了上去，木墩的位置跟木板不一致，就会导致木墩歪斜不稳，最终建构的马路倒塌。煜煜和伙伴们发现，在旁边建构的萌萌小朋友使用更高的木墩搭建高架桥都不会倒，为什么自己搭建的总是倒呢？于是，他走到萌萌旁边观察，看看他是怎么做的。

看了一会儿，他回去跟合作的伙伴说："我们先把木板放在地上，再将木墩摆在木板的两边，最后在这上面放木板。"经过观察、学习、实践，很快，他们的高架桥建好了。为了让搭建的高架桥变得更稳固，信信还在高架桥下面用纸砖顶住。彬彬说："马路是两边都可以开车的，我们在中间放一块木板隔开，就可以使一条马路变成两条马路（双向道路）了。"

（三）行为解读

《指南》提出，教师要成为幼儿学习活动的支持者、合作者、引导者，这是应幼儿所需教师要成为的角色。但在学习过程中，幼儿并非只能求助教师，他们还可以通过观察周边的环境，向环境学习；观察同伴，向同伴学习，发挥创造力和动手能力，从而创造出更棒的成果。

（四）教师支持

保持沉默，不要着急去引导、帮助、干涉幼儿，而应给予幼儿时间和材料，等待幼儿慢慢地成长，享受幼儿带给教师的惊喜。

（五）游戏亮点

在尝试过程中，幼儿总是失败却不气馁，会向同伴学习成功的技巧。

大班自主游戏实例16

提高幼儿游戏活动中的语言表达能力。

（一）游戏背景

在活动前，教师和小朋友讨论超市：超市里面有什么东西卖，商品的布局又是怎样的；请小朋友说说自己逛超市所看到的商品；自己会选择用些什么材料来搭建超市和商品。

（二）游戏过程

这次游戏，教师给孩子提供了长圆柱木头、圆形木板圈、线轴、纸盒等建构材料，在操场前段进行建构活动，熙熙和轩轩用三块长木条搭了一个门，然后用盒子在门旁搭楼梯，他们边建边说："这是电梯。"

熙熙和轩轩搭好楼梯后，轩轩说："楼梯在大门中间不好看，我要把这个楼梯转到里面去。"熙熙马上说："超市门口有个自动门，看到人来就会自动开门，人们进进出出，它都会自动开和关。"于是，他们找来两块长方形的木板挡在门口中央，但是尝试了好多次，木板都站不稳。轩轩双手扶着两扇门，熙熙用盒子顶着木板。

熙熙和轩轩想了好多办法，但还是没有做好自动门，后来他们把长方形木板横着放，又去找来盒子顶在木板后面，他们的自动门才算是搭建好了。然后熙熙就去旁边搭建商铺。

洵洵在一边用纸盒、长木板搭一层一层的间隔，洵洵告诉我："这是摆放商品的架子，里面有好多层，可以摆放很多不同的商品。"

（三）行为解读

通过反复观察与接触积木，幼儿能积累大量关于积木的形状、质量、颜色等感性经验，这有利于幼儿今后将这些经验迁移到对客观世界的认知上，为概念的形成和语言文字的学习打下基础。通过积木游戏，幼儿可以获得力、平衡、数概念等早期朴素的科学经验，为将来的认知学习做好铺垫。此外，还有研究显示，积木游戏与幼儿的创造性和问题解决能力具有一定的相关性。

（四）教师支持

第一，建构游戏和角色游戏一样，有着游戏的一般价值，可以各有侧重地促进小朋友的认知和社会性发展。

第二，建构游戏因其材料和活动过程的特殊性，而有着其他游戏所不可比拟的独特价值。

（五）游戏亮点

"超市里的商铺、商品"是本次活动中出现的新词，很有意思。

大班自主游戏实例17

提高幼儿的创造能力。

（一）游戏背景

在活动前，教师和小朋友讨论高架桥，展示高架桥的图片给小朋友欣赏，引导小朋友观察高架桥的外形特征：不同高度的高架桥交叉时是怎样的？高架桥两边分别有什么？请小朋友说说自己在哪里见过高架桥，要建构高架桥时，自己会选择用什么材料来搭建高架桥？

（二）游戏过程

这次游戏，教师给孩子提供了长圆柱木头、圆形木板圈、线轴、纸盒、竹筒、奶粉罐等建构材料，在操场前段进行建构活动。

涵涵正在用长木条搭建长长的高架桥，由于难度较大，只是搭建了一个角落。她遇到了一些问题，采取了一些解决办法，最后决定搭建双层桥。

熙熙在场地的另一边搭建高架桥，正在设计两座高架桥怎样交叉，但是尝试了好多次，木板都站不稳。然然在高架桥下面搭建花园。

搭建双层桥需要较高的积木做桥墩，熙熙没有找到适当的积木，于是选择把长木板两边拼搭在一个梯子之间，得到了自己需要的高度；他想搭建较缓的坡度，选择渐渐变低的桥墩（纸盒），于是他把桥面直接接到地面，高架桥的桥面与低架桥的桥面接在一起，达到了较满意的缓冲坡度。

这是熙熙和然然两个人共同合作的成品效果，高架桥下面建了个大花园。

（三）行为解读

对于建构能力较强的幼儿来说，对他们适当提高建构难度，能更有效地促进他们的发展。但这并不等于要求所有幼儿都达到这个水平，针对不同幼儿的建构水平，教师要给予不同的指导。

建构游戏的材料具有规则性、操作性、灵活性，由这些材料建构出来的作品则具有结构性、开放性和创造性。

（四）教师支持

构建一个较为复杂的游戏，需要多种心理机能的共同支持。将建构的积木进行设计，即便不绘制图纸，也至少要预先存在对积木结构的大致表象。然后将此表象转化为积木结构，幼儿不得不对所需积木的大致数量、形状和颜色等做出规划，以方便之后的建构工作。在开始堆积木后，幼儿还可能遇到一些新问题，如搭建欠稳当、积木数量不够或者不能达到预想的效果；当然，幼儿也可能顺利搭建出自己想要的物体。这个过程的复杂性可为幼儿带来很多发展的机会，如问题解决能力、思维能力、创造能力等的发展。

（五）游戏亮点

"高架桥"是本次活动的重点。

大班自主游戏实例18

孩子在建构活动中所表现出来的能力水平。

（一）游戏背景

教师在教室和孩子分享铁路的图片，引导孩子观察铁路的特征——长长的，交代要建构的任务。

（二）游戏过程

这次游戏，教师给孩子提供了长圆柱木头、圆形木板圈、线轴、纸盒、竹筒、等建构材料，在操场前段进行建构活动。

烁烁先用短板分别对称地放在两边，然后摆长板，又找来小长棒铺在上面，他建得很认真。不一会儿，区区找来线轴、竹筒架起，并在上面搭了一块木板。然然看到了，也争着一起来修，于是三人一起修建隧道。教师回来时，三人正搬着一个长长的竹筒往木板下面插进去，教师好奇地问："你们在干什么？"烁烁抢着回答："妈妈带我坐火车过的隧道好长好长，这就是火车正在过隧道。"教师和幼儿一起欢呼起来。

烁烁说:"在我和妈妈坐火车时,看到窗外有很整齐的树,一排排的。"区区说:"对呀,我们一起在铁路两边种上整齐的小树,铁路两边有了树,可以挡下午炎热的太阳。"

于是,他们分工合作,区区找了草坪和小树,烁烁沿着铁路铺上一圈草坪。

烁烁向同伴介绍:"这是我们搭的铁路和隧道,现在正好有一列火车从这里钻过隧道。"

(三)行为解读

大班幼儿是一个参差不齐的群体,由于家庭环境、社会环境不同,因此每个幼儿的智力发展水平、思维能力也不同。我们在建构游戏中进行教育的时候,必须符合幼儿的个体差异性原则。

通过"听其言、观其行"的方法,发现不同的幼儿在学习过程中都有不同的表现,并针对幼儿的不同表现施以适当的教育。在活动内容的安排上,要体现出层次性,以满足不同幼儿的需要,使每个幼儿都能找到适合自己的位置。

(四)教师支持

在游戏过程中,幼儿会提出许多让教师意想不到的问题,这时教师要善于回答幼儿的提问,让幼儿在游戏中获得知识。教师要发挥好引导者的作用,耐心地对幼儿提出的问题一一解答。同时还应该察言观色,深入幼儿的生活,了解幼儿的兴趣、爱好,再为不同的幼儿创造不同的适宜其发展的操作环境,注意把教材内容与生活情境相结合。

(五)游戏亮点

"隧道"是本次活动的重点。

参考文献

［1］李丽华.幼儿园传统体育游戏课程开发［M］.北京：首都师范大学出版社，2020.

［2］潘理平，潘蕾，方朝阳.幼儿园教育活动设计与实施案例教程［M］.武汉：华中科技大学出版社，2020.

［3］余有珍.幼儿园保育员关键能力必修课［M］.北京：首都师范大学出版社，2020.

［4］蔡亚华.幼儿园军事类体育游戏案例［M］.福州：福建人民出版社，2020.

［5］赵兰会，刘令燕.利津户外游戏［M］.上海：复旦大学出版社，2020.

［6］宗珣.做会保育教育的幼儿教师［M］.长春：东北师范大学出版社，2020.

［7］增田香.与幼儿对话·这样说，孩子更开心［M］.卢中洁，译.上海：复旦大学出版社，2020.

［8］赵小华.学前教育基础知识［M］.北京：北京师范大学出版社，2020.

［9］陈天云.快乐运动健康成长［M］.上海：上海科学普及出版社，2020.

［10］董旭花，韩冰川，张海豫.幼儿园户外环境创设与活动指导［M］.北京：中国轻工业出版社，2019.

［11］Ruth Wilson.幼儿园户外创造性游戏与学习［M］.北京：中国轻工业出版社，2019.

［12］张海英.幼儿园户外游戏编制与探究［M］.西安：陕西人民出版社，2019.

［13］赵青.释放天性 拥抱自然——幼儿园户外体验馆建构实践与探索［M］.南京：河海大学出版社，2019.

［14］刘敏，等.幼儿园文案撰写规范与技巧［M］.北京：中国轻工业出版社，2019.

［15］朱清，等.幼儿园优质教研活动设计方案［M］.北京：中国轻工业出版

社，2019.

［16］杜长娥，徐钧.破解幼儿园教师的90个工作难题［M］.北京：中国轻工业出版社，2019.

［17］吴振东.幼儿园课程与教学问答50例［M］.上海：复旦大学出版社，2019.

［18］史爱芬，李立新.幼儿园班级管理案例分析［M］.上海：复旦大学出版社，2019.

［19］苏珊·斯泰茜.幼儿园探究性环境创设让孩子成为热情主动的学习者［M］.康丹，陈恺丹，译.北京：中国轻工业出版社，2019.

［20］虞海盛.幼儿园混龄体育游戏案例精选［M］.宁波：宁波出版社，2019.

［21］贾尼斯·斯特拉瑟，莉萨·穆夫森·布雷森.小脑袋，大问题——促进幼儿深度学习的高水平提问［M］.北京：中国轻工业出版社，2019.

［22］何艳萍.传统文化润童心［M］.北京：北京理工大学出版社，2019.

［23］李丽红，邵日芳.幼儿园自制体育玩具活动指导［M］.大连：辽宁师范大学出版社，2019.

［24］杨道才.幼儿园环境创设［M］.北京：中国劳动社会保障出版社，2019.

［25］王燕.幼儿园环境创设［M］.北京：首都师范大学出版社，2019.